Champignons

Comment les cultiver ;

Un traité pratique sur la culture des champignons

pour le profit et le plaisir

William Fauconnier

Writat

Cette édition parue en 2024

ISBN : 9789359944593

Publié par
Writat
email : info@writat.com

Contenu

PRÉFACE

Les champignons et leur culture extensive et rentable devraient concerner tout le monde. Pour la consommation domestique, ils constituent un aliment sain et reconnaissant, et pour le marché, lorsqu'ils sont cultivés avec succès, ils deviennent une culture des plus rentables. Nous pouvons avoir en Amérique le meilleur marché du monde pour les champignons frais ; la demande augmente et l'offre a toujours été insuffisante. Leur prix ici est plus du double de celui payé dans n'importe quel autre pays, et nous n'avons aucune crainte de la concurrence étrangère, car jusqu'à présent, toutes les tentatives d'importation de champignons frais d'Europe ont échoué.

Dans le pays le plus prospère et le plus progressiste de tous, avec une population de près de soixante-dix millions d'habitants attentifs à toute activité rentable et légitime, la culture des champignons, l'une des industries les plus simples et les plus rémunératrices, est presque inconnue. Le maraîcher déjà engagé dans la culture de champignons apprécie sa situation et protège avec zèle ses méthodes de culture du public. Cela ne fait qu'éveiller l'intérêt et la curiosité, et les gens prennent conscience du fait que les champignons rapportent de l'argent et une demande sérieuse a été créée pour obtenir des informations sur leur culture.

La culture des champignons est à la portée de presque tout le monde. De bons matériaux avec lesquels travailler et une attention particulière portée à tous les détails pratiques devraient donner de bons résultats. C'est une industrie à laquelle les femmes et les enfants peuvent participer aussi bien que les hommes. Il fournit un emploi à l'intérieur en hiver, et il y a très peu de travaux pénibles qui y sont attachés, alors qu'il peut devenir une filiale de presque n'importe quelle autre entreprise, et même un récréation ainsi qu'une source de profit.

Dans ce livre, l'objectif a été, même au risque de répétition, de présenter les meilleures méthodes aussi clairement que possible. Les faits présentés ici sont les résultats de ma propre expérience pratique et de mes observations, ainsi que ceux obtenus par de nombreuses lectures, voyages et correspondance.

À M. Charles A. Dana, propriétaire des caves et du domaine de champignons Dosoris, je suis grandement redevable de l'opportunité de préparer ce livre. Depuis huit ans, il a tout mis à ma disposition pour cultiver des champignons comme je le souhaitais et expérimenter à ma guise.

À M. William Robinson, rédacteur en chef de *The Garden*, Londres, je suis particulièrement redevable de nombreuses courtoisies : autorisation de citer *The Garden*, « Parcs et jardins de Paris », et ses autres ouvrages, et d'illustrer les chapitres de ce livre sur Culture de champignons dans les jardins maraîchers de Londres et dans les grottes de Paris, avec les belles planches originales de ses propres livres.

Les recettes données dans le chapitre sur la cuisson des champignons, à l'exception de celles préparées pour ce travail par Mme Ammersley, bien que basées sur celles données par M. Robinson, ont été considérablement modifiées par moi et utilisées à plusieurs reprises dans ma propre famille.

Mes remerciements vont également à M. John F. Barter, de Londres, le plus grand producteur de champignons en Angleterre, pour les informations qui m'ont été données concernant son système de culture ; à M. John G. Gardner, de Jobstown, NJ, l'un des producteurs les plus réputés sur le marché de ce pays, pour ses installations qui m'ont permis d'examiner sa méthode de culture de champignons ; et à MM. AH Withington, Samuel Henshaw, George Grant, John Cullen et d'autres producteurs à succès pour l'aide aimablement apportée.

WILLIAM FALCONER.

Dosoris, LI, 1891.

CHAPITRE I.

Les maraîchers. — Le champignon est un aliment très prisé qui peut être cultivé aussi facilement que beaucoup d'autres produits végétaux du sol — et avec autant de plaisir et de profit. Il est montré ci-dessous, en particulier, que cette plante particulière est singulièrement bien adaptée aux conditions qui entourent de nombreuses classes de personnes, et par lesquelles le champignon pourrait devenir une culture standard pour l'usage domestique, le marché de la ville, ou les deux. C'est directement dans leur secteur d'activité ; est une culture d'hiver, nécessitant leurs soins lorsque les opérations extérieures sont à l'arrêt, et ils peuvent plus facilement s'occuper de la culture des champignons. Ils disposent du fumier nécessaire à leurs autres cultures et pourraient très bien l'utiliser d'abord pour la culture des champignons. Après avoir donné naissance à une récolte de champignons, il est complètement pourri et en bon état pour les récoltes du début du printemps ; et pour les semis de tomates, laitues, choux, choux-fleurs et autres légumes, c'est le meilleur type d'engrais.

Il y a des années, près de New York, en hiver, le maraîchage était pratiqué de manière plutôt décousue, et l'offre de salades et autres légumes forcés était limitée et principalement cultivée dans des foyers et autres cadres, et les prix étaient élevés. Mais ces dernières années, nos marchés d'hiver ont été si généreusement approvisionnés par les États du Sud, que, pour se sauver, nos maraîchers ont été contraints de reprendre une nouvelle activité et de renoncer aux cadres d'hiver en faveur de des serres et cultivent des cultures que beaucoup d'entre eux ne cultivaient pas auparavant. Ces serres sont pour la plupart des structures longues, larges (dix-huit à vingt pieds), basses et avec un toit en croupe (30°). Dans la plupart d'entre eux, les plates-bandes de salades sont faites à même le sol, et les allées sont un peu en contrebas afin de laisser de l'espace pour marcher et travailler. D'autres de ces serres sont construites un peu plus haut, et des bancs centraux et latéraux sont érigés à l'intérieur, comme dans le cas des serres de fleuristes, et en vue de faire pousser des plants de salades sur ces bancs comme les fleuristes font des œillets et des champignons sous les bancs. . Les champignons sont protégés du soleil par un revêtement de planches claires ou de foin, ou bien l'espace sous les bancs est entièrement fermé, à la manière d'un placard, avec des volets en bois. La température est très favorable aux champignons, stable et moyennement fraîche, et facilement corrigée par le recouvrement des planches ; et l'humidité de l'atmosphère d'une saladerie est à peu près idéale pour les champignons. Dans une telle maison, la température diurne peut monter, avec le soleil, jusqu'à 65° ou 70° en hiver, mais une température nocturne artificielle de seulement 45° à 50° est maintenue. Dans ces conditions, avec des lits d'environ quinze pouces d'épaisseur, ils devraient continuer à donner une bonne récolte de champignons robustes à tige courte pendant deux ou trois mois, peut-être plus.

En plus de cultiver les champignons sous serre, nos maraîchers s'intéressent beaucoup à les cultiver en cave. Certaines de ces caves sont des caves de grange ordinaires, d'autres, grandes et spacieuses, ont été construites sous des granges et des serres, spécialement pour la culture des champignons. Plusieurs de ces caves à champignons se trouvent à Long Island, entre la Jamaïque et Woodhaven.

Fleuristes. — Au milieu de l'hiver, la saison des fleurs coupées est à son apogée et le fleuriste s'efforce de tirer le meilleur parti possible de ses serres ; chaque pouce d'espace disponible exposé à la lumière est occupé par des plantes en croissance, et sous les bancs le long des allées sont stockés des dahlias, des cannas, des caladiums et d'autres tubercules et bulbes, ainsi que des lierres, des palmiers, des plantes succulentes et autres. Afin que les plantes puissent être plus pleinement exposées au soleil, elles sont cultivées sur des bancs surélevés au-dessus du sol de manière à les rapprocher du verre ; et la serre semble pleine à craquer. Mais ici, nous avons le meilleur type de champignonnière. L'espace sous les bancs, qui est presque inutile à d'autres fins, est admirablement adapté aux champignonnières, et la chaleur et l'humidité de la serre constituent des conditions exceptionnellement favorables à la culture des champignons. Les fleuristes ont de toute façon besoin de terreau et de fumier, et ceux-ci sont tout aussi bons pour le rempotage - meilleurs pour les jeunes plants - après avoir été utilisés dans les plates-bandes de champignons qu'ils ne l'étaient auparavant, de sorte que la dépense supplémentaire liée à la récolte est le travail en la fabrication des lits et le prix du frai. Les champignons ne constituent pas une culture volumineuse ; ils ne nécessitent ni espace ni soins en été, sont faciles à cultiver, à manipuler et à commercialiser, et il y a toujours une demande pour eux à un bon prix. Si la récolte donne de bons résultats, c'est presque entièrement du profit ; s'il s'agit d'un échec complet, très peu de choses sont perdues, et il doit s'agir d'un échec grave qui ne rapportera pas suffisamment pour payer son coût. Pourquoi le fleuriste devrait-il se limiter à une seule récolte à la fois dans la serre, alors qu'il peut tout aussi bien y faire deux récoltes en même temps, et les deux sont rentables ? Il peut avoir ses roses sur les bancs et ses champignons sous les bancs, sans que ni l'un ni l'autre ne gêne l'autre. Prenons une estimation très basse : dans une serre de cent pieds de long, faites un lit de champignons de cinq pieds de large sous le banc principal ; cela donnera 500 pieds carrés de lit, et une demi-livre par pied donnera 250 livres de champignons, qui, vendus cinquante cents la livre nette, rapportent 125 dollars. Ce montant que le fleuriste n'aurait pas réalisé sans la culture des champignons.

Jardiniers privés. —Cela fait partie de leur devoir courant, et le succès dans la culture des champignons est aussi satisfaisant pour eux-mêmes que pour leurs employeurs. Les champignons frais, tout comme les bons fruits et les belles fleurs, sont un produit du jardin toujours acceptable. L'un des principaux plaisirs d'avoir un grand jardin et d'avoir un jardinier consiste à pouvoir donner aux autres une partie des meilleurs produits du jardin.

Dans la plupart des jardins prétentieux, il y a une champignonnière ordinaire, et la culture des champignons est une affaire facile ; dans d'autres, cette commodité n'existe pas, et le jardinier doit se fier à sa propre ingéniosité pour savoir où et comment il doit cultiver les champignons. Mais tant qu'il dispose d'une abondance de fumier frais, il peut généralement trouver un endroit où faire ses lits. Dans la remise à outils, dans le rempotage, dans le bûcher, dans la chaufferie, dans la fruitière, dans la cave à légumes, ou dans quelque autre dépendance, il trouvera sûrement un coin ; ou, plus pratique encore, une pièce pratique sous les bancs de la serre, où il peut faire quelques lits. A défaut, il peut commencer en août ou en septembre et faire des massifs dehors, comme le font les maraîchers de Londres.

Dans les exploitations fruitières, en particulier dans les premières vignes, les jardiniers ont un préjugé contre la culture d'autres plantes que les vignes, de peur que des araignées rouges, des thrips ou des cochenilles ne soient introduites avec les plantes, mais dans le cas des champignons, de tels motifs ne sont pas tenables. Comme les vignes ont donné leurs fruits au milieu de l'été et ont mûri leur bois tôt pour être prêtes à reprendre leur croissance en décembre ou janvier, les raisins sont conservés au frais et aérés en automne et au début de l'hiver, mais cela ne doit pas gêner la récolte de champignons. Emballer les massifs ou les réaliser en cadres à l'intérieur de la cave ; le fumier chaud fournira suffisamment de chaleur aux champignons jusqu'à ce qu'il soit temps de démarrer les vignes, lorsque la température et l'humidité accrues de la maison seront en faveur des champignons en raison de la baisse de chaleur dans les lits de fumier. Les champignons n'ont aucun effet délétère sur les vignes, et les vignes non plus n'ont aucun effet nocif sur les champignons.

Les gens du village et les résidents des banlieues. — Ceux qui élèvent des chevaux devraient au moins cultiver des champignons pour leur usage familial et, si besoin est, pour le marché également. Ils sont si faciles à élever et prennent si peu de place qu'ils se recommandent particulièrement à ceux qui n'ont qu'un terrain de village ou de banlieue et, en fait, qu'une grange. Et ce n'est pas une culture pour laquelle nous devons faire une grande préparation et avoir besoin d'une grande quantité de fumier. Aussi petit que soit le lit, il portera des champignons ; et si nous le désirons, nous pouvons en ajouter au lit semaine après semaine, à mesure que notre réserve de fumier augmente, et entretenir ainsi une succession continue de champignons. Un lit peut être fait dans la vacherie ou l'écurie, la remise, la grange-cave, le bûcher ou la maison-cave ; ou si nous ne pouvons pas laisser beaucoup de place nulle part, faites un lit dans une grande boîte et déplacez-le là où il sera le moins gênant. Mais le meilleur endroit est peut-être la cave. Une stalle vide dans une écurie est un endroit capital et offre non seulement de la place pour un lit double au sol, mais également pour des lits à crémaillère.

Les agriculteurs. —Personne ne peut cultiver des champignons mieux ou de manière plus économique que l'agriculteur. Il a déjà chez lui la cave, le fumier frais et la terre glaise, et il ne lui manque que du blanc pour planter les plates-bandes. Rien n'est perdu. Le fumier, après avoir été utilisé dans les champignonnières, n'est pas épuisé de sa fertilité, mais, au contraire, il est bien pourri et dans de meilleures conditions pour être épandu sur la terre qu'il ne l'était avant d'être préparé pour la culture des champignons. L'agriculteur ne ressentira pas le peu de travail que cela demande. Il n'y a aucun secret qui s'y rattache, et une main-d'œuvre qualifiée n'est pas nécessaire pour en assurer le succès. L'ouvrier agricole le plus commun peut effectuer le travail, qui consiste à retourner le fumier une fois par jour ou tous les deux pendant environ trois semaines, puis à le transformer en lit, à le frayer et à le modeler. Presque tout le travail des dix ou douze semaines suivantes consiste à maintenir une température uniforme, à récolter et à commercialiser la récolte.

De nombreuses femmes recherchent un emploi rémunérateur et agréable à la ferme, et quel travail peut-il être plus intéressant, plus agréable et plus rentable pour elles que la culture de champignons ? Une fois que le fermier a préparé le champ de champignons, sa femme ou sa fille peut s'en occuper, sans presque aucune taxe sur son temps, et sans interférer avec ses autres tâches domestiques. Et c'est un travail propre ; il n'y a rien de subalterne là-dedans. Aucune dame dans ce pays n'hésiterait à cueillir les champignons en plein champ, et encore moins devrait-elle hésiter à cueillir les champignons frais des plates-bandes propres dans sa propre cave propre ? Les champignons sont une culture d'hiver ; ils viennent quand nous en avons le plus besoin. L'offre d'œufs pendant la saison hivernale est assez limitée et l'argent de poche est souvent proportionnellement court ; mais avec une demande insatiable du marché pour des champignons tout au long de l'hiver, à bon prix, aucune fermière n'a besoin de se soucier de savoir si les poules pondent ou non à Noël. Quand la culture des champignons est conduite intelligemment, elle rapporte plus d'argent que celle des poules, et avec moins de peine.

CHAPITRE II.

CULTURE DE CHAMPIGNONS EN CAVE.

Caves souterraines. —Les champignons nécessitent une température uniforme modérément basse et une atmosphère humide, et ne prospéreront pas là où règnent des courants d'air ou des fluctuations soudaines de température ou d'humidité. Une cave souterraine est donc la meilleure de toutes les structures pour cultiver des champignons. La cave est le champignonnière de tout le monde.

Les caves se trouvent sous les habitations, les granges et souvent sous d'autres dépendances. Ces caves sont impératives à des fins domestiques, pour stocker des pommes, des pommes de terre et d'autres plantes-racines et produits périssables ; et pour ces utilisations, nous devons les rendre résistants au gel et secs. Ces caves sont des champignonnières idéales, et quiconque possède une bonne cave peut y cultiver des champignons. En fait, nos maraîchers qui gagnent de l'argent avec les champignons trouvent avantageux de creuser et de construire des caves expressément pour la culture des champignons. En effet, certains de nos maraîchers qui n'ont jamais cultivé ni vu pousser de champignon, mais qui savent bien que certains de leurs voisins gagnent de l'argent grâce à ce métier, sentent d'instinct que la première étape dans la culture du champignon est une cave. Il est presque incroyable de voir à quel point les maraîchers protègent secrètement tout ce qui concerne la culture des champignons du monde extérieur et même les uns des autres ; en fait, dans certains cas, leurs voisins immédiats et amis intimes de toujours ne sont jamais entrés dans leurs caves à champignons.

Si une cave doit être entièrement consacrée à la culture des champignons, elle doit être aussi chaude que possible avec des fenêtres et des portes doubles, lorsque l'entrée se fait de l'extérieur, mais si l'on vient d'un autre bâtiment, des portes simples suffiront. Un ou plusieurs puits en forme de cheminée s'élevant du plafond doivent être utilisés comme ventilateurs en hiver, lorsque nous ne pouvons pas ventiler à partir des portes ou des fenêtres ; en effet, la ventilation latérale à tout moment lorsque les lits sont en état de roulement est plutôt précaire. Il devrait y avoir un moyen intérieur d'accéder à la cave, par exemple par un escalier depuis le bâtiment situé au-dessus. C'est également un moyen simple d'introduire des matériaux frais pour les lits et d'éliminer les matériaux épuisés. La meilleure façon d'y parvenir est peut-être d'avoir une porte qui s'ouvre vers l'extérieur, ou une porte de taille moyenne depuis le bâtiment situé au-dessus.

FIG. 1. CAVE À CHAMPIGNONS SOUS UNE GRANGE.

L'aménagement intérieur de la cave est une question de choix avec le cultivateur, mais le moyen le plus simple est d'avoir des plates-bandes de trois ou quatre pieds de large autour de l'intérieur des murs, et des plates-bandes de six pieds de large, avec des allées deux, ou deux et une. un demi-pied de large entre eux, parallèlement au milieu de la cave. Au-dessus de ces lits de plancher, on peut former des lits à étagères par rangées de un, deux ou trois, selon la hauteur de la cave, en laissant toujours un espace de deux pieds et demi ou trois pieds entre le fond d'un lit. et le bas du suivant. Ceci est très nécessaire pour permettre de faire et d'entretenir les plates-bandes, de récolter la récolte et de vider les plates-bandes lorsqu'elles sont épuisées.

Il faudrait également prévoir le chauffage artificiel de ces caves et prévoir un espace pour les tuyaux de chauffage partout où ils doivent passer. Mais partout où la chaleur du feu est utilisée pour chauffer ces caves, si cela est possible, le four lui-même devrait être isolé de la cave principale par un mince mur de briques, et les tuyaux seulement devraient être introduits. Cela élimine la poussière et les gaz nocifs et modifie la chaleur desséchante.

Mais dans une cave douillette et chaude, la chaleur artificielle n'est pas absolument nécessaire. Nous pouvons faire pousser d'importantes récoltes de champignons dans une telle cave sans aucune chaleur de four, simplement en utilisant une plus grande quantité de matériaux pour fabriquer les plates-bandes, suffisamment pour maintenir une chaleur constante pendant une longue période. Mais ceci, remarquez-le, est un gaspillage de matière, car on ne peut pas faire pousser plus de champignons dans un lit de deux pieds d'épaisseur que dans un lit d'un pied d'épaisseur. Dans une cave non chauffée, les champignons poussent gros et solides, mais ils n'arrivent pas aussi vite ni en si grand nombre que dans une cave chauffée. Et un peu de chaleur artificielle a pour effet de dissiper cet air froid, cru et humide propre à une cave refoulée en hiver, et purifie l'atmosphère en favorisant l'aération.

Au lieu d'utiliser des plates-bandes, certains producteurs répartissent les plates-bandes sur tout le sol de la cave et ne laissent aucun passage, utilisant à la place des marchepieds ou des allées surélevées. Bien entendu, dans ces cas-là, aucun lit d'étagère n'est utilisé. D'autres font des crêtes partout sur le sol des caves, comme le font les Parisiens dans les grottes. Les crêtes ont deux pieds de largeur en bas, deux pieds de hauteur et six ou huit pouces de largeur en haut, et il y a une allée entre elles. Ici encore, aucun lit étagère n'est utilisé.

L'un des principaux problèmes des caves à champignons à toit plat est l'écoulement de l'humidité condensée s'élevant des lits, et ceci est plus apparent dans les caves non chauffées que dans les caves chauffées : l'humidité s'accumule sur le plafond et, n'ayant aucune pente pour s'écouler. , coule à nouveau. Du papier huilé ou du calicot tendu au- Λ wisedessus des lits supérieurs les protège parfaitement ; tout ce qui tombe sur les passages au sol ne fait aucun mal.

Dans n'importe quelle autre cave, ainsi que dans celle entièrement consacrée à cet usage, on peut faire des massifs et faire pousser de bons champignons. M. James Vick m'a dit que dans sa ferme semencière près de Rochester, il cultive de nombreux champignons en hiver dans ses caves à pommes de terre ; et n'importe qui dans des endroits similaires peut le faire aussi. M. John Cullen, de South Bethlehem, Pennsylvanie, un cultivateur très prospère, me dit que sa cave à champignons actuelle était autrefois une grande citerne souterraine, mais avec un peu de fixation et ouvrant un passage depuis une cave voisine. , il l'a transformé en une excellente cave à champignons, et sûrement les immenses récoltes que j'ai vues dans cette grotte d'obscurité totale justifient sa bonne opinion d'elle.

Dans la maison d'habitation. — La cave d'une maison d'habitation est un lieu capital pour les champignonnières et peut être utilisée en tout ou en partie à cet effet. Dans le cas de familles privées qui souhaitent cultiver quelques champignons uniquement pour leur propre usage, il n'est pas nécessaire d'y consacrer une cave entière ; mais séparez-en une partie avec des planches et faites-y les lits. Ou faites un lit le long du mur n'importe où et enfermez-le pour le protéger du froid et des courants d'air, ainsi que des souris et des rats. Vous pouvez disposer des étagères au-dessus à des fins domestiques, comme vous le feriez dans n'importe quelle autre partie de la cave. Gardez à l'esprit que les champignons prospèrent mieux dans une température atmosphérique de 50° à 60°, et si vous pouvez les donner dans la cave de votre maison, vous devriez obtenir beaucoup de bons champignons. Mais si une température aussi élevée ne peut être maintenue sans nuire à l'utilité de la cave à d'autres fins, emballez hermétiquement les lits, et de la chaleur du lit lui-même, ainsi confiné, il y aura généralement assez de chaleur pour les champignons. mais sinon, étalez un morceau de vieux tapis ou une natte sur la boxe.

Les lits peuvent être faits sur le sol et plats, ou striés, ou appuyés contre le mur, dix ou douze pouces de profondeur dans une cave chaude, et quinze à vingt pouces de profondeur ou plus dans une cave fraîche, et environ trois pieds de largeur et n'importe quelle longueur pour convenir.

FIG. 2. CADRE EN BOÎTE AVEC REVÊTEMENT EN PAILLE.

Le boxing peut être constitué de n'importe quelle sorte de planches pour les côtés et les extrémités, et être construit à environ six ou dix pouces plus haut que le haut des plates-bandes, de manière à donner aux champignons suffisamment d'espace pour la tête ; le dessus de la boîte peut être un couvercle accroché à des charnières ou à des sangles, ou disposé d'une autre manière, pour pouvoir être facilement soulevé ou retiré à volonté, et fait de bois léger, disons des planches d'un demi-pouce d'épaisseur. De cette façon, en ouvrant le couvercle, les champignons sont sous observation et peuvent être cueillis sans problème. Lorsque le couvercle est fermé, ils sont à l'abri du froid et de la vermine. Ainsi protégées les caves peuvent être aérées sans nuire au bien-être des champignons. Un cadre en bois léger recouvert de calicot ou de papier huilé ferait également un bon dessus pour la boxe, mais il ne serait pas à l'épreuve du froid, ni des rats ou des souris. Si cela est souhaitable, dans les caves chaudes, des plates-bandes pourraient être construites au-dessus des lits du sol, mais dans des caves fraîches et aérées, cela ne serait pas conseillé.

Les lits de fumier dans la cave de l'habitation peuvent sembler très inconvenants à beaucoup de gens, mais en réalité, lorsqu'ils sont correctement manipulés, ces lits ne dégagent aucune mauvaise odeur. Le fumier doit être préparé loin de la maison et, lorsqu'il est prêt à être transformé en lits, il peut être étalé finement, de manière à devenir parfaitement frais et exempt de vapeur. Lorsqu'il est resté deux jours dans cet état, il peut être amené à la cave et transformé en massifs. Ayant été bien sucré par une préparation antérieure, il est maintenant frais, sans vapeur et presque inodore ; après quelques jours, il se réchauffera un peu et pourra alors être engendré et mis à la terre immédiatement. N'enfouissez pas le blanc dans le fumier, déposez-le simplement à la surface du fumier ; cela évite au frai d'être détruit par une chaleur trop forte, si le lit devenait trop chaud. Si le fumier a été bien préparé, cela ne risque pas de se produire. L'enrobage de terreau empêche toute fuite supplémentaire de vapeur ou d'odeur du fumier.

Le 14 janvier dernier, M. W. Robinson, rédacteur en chef du London *Garden* , m'écrivit, me mentionna le cas suivant, très intéressant, de culture de champignons dans la cave d'une maison d'habitation : « Je suis sorti l'autre jour pour voir M. Horace Cox, directeur du journal *Field* , qui habite à Harrow, près de la célèbre école, est chauffé par un système d'eau chaude appelé Keith's, et la chaudière se trouve dans une chambre de la maison au sous-sol. Le système m'a intéressé et je suis descendu voir la chaudière, qui est une chaudière très simple qui fonctionnait avec des déchets de coke. Cependant, j'ai été heureux de voir tout le sol de la pièce non occupé par la chaudière recouvert de petits massifs plats de champignons et portant une plaque. très bonne récolte. A vrai dire, je craignais que la culture des champignons dans les maisons d'habitation puisse être répréhensible à divers égards, mais ce cas est très intéressant, car il n'y a pas la moindre odeur désagréable dans la chambre elle-même. à peine un pied de haut et parfaitement inodores ; de sorte qu'il est bien clair qu'on peut cultiver des champignons dans sa maison, dans un cas comme celui-ci, sans la moindre offense.

La méthode de M. Gardner. -M. JG Gardner, de Jobstown, NJ, utilise une cave ordinaire, comme celle de tout agriculteur du pays, et le peu qui a été fait pour assombrir les fenêtres et les rendre étanches, afin de les rendre meilleures pour les champignons, tout un agriculteur avec une scie à main, une hache, un marteau et quelques clous et quelques planches peut faire l'affaire. M. Gardner est maraîcher et n'a pas chez lui la quantité de fumier frais dont il a besoin pour la culture des champignons, mais il l'achète, du fumier de cheval commun, à New York, et il lui est expédié plus de soixante-dix ans. miles, par chemin de fer. Et cela paie ; et si cela rapporte à un homme d'obtenir à un tel prix du fumier pour la culture des champignons, combien plus la culture des champignons rapportera-t-elle au fermier qui possède la cave et le fumier en plus ? M. Gardner cultive des champignons, et en grande quantité. Lorsque je lui ai rendu visite en novembre dernier, au lieu d'essayer de me cacher quoi que ce soit dans leur culture, il a pris un soin particulier à me montrer et à tout m'expliquer sur sa façon de les cultiver. Et il m'assure qu'en adoptant des moyens simples de préparation du fumier et de "réparation" de la culture, et en évitant toutes les méthodes compliquées, on peut obtenir de bonnes récoltes et réaliser des profits équitables.

Sa cave mesure soixante pieds de long, vingt-quatre pieds de large et neuf pieds de haut du sol au plafond. Le sol est en terre battue, mais parfaitement sec. Elle est bien équipée en fenêtres et en portes, et au plafond, au milieu de la cave, s'ouvre un grand puits ou un ventilateur en forme de cheminée qui traverse directement le toit au-dessus. Pendant que les lits sont fabriqués, une ventilation complète est assurée par les portes, les fenêtres et la gaine, mais dès qu'il y a un signe d' apparition de champignons, tous les ventilateurs, à l'exception de la gaine du milieu, sont fermés et maintenus fermés.

Le lit occupe toute la surface du sol de la cave et a été confectionné en une seule journée. En guise d'allée, une seule rangée de planches est posée sur le dessus du lit, s'étendant dans le sens de la longueur au milieu de la cave depuis la porte jusqu'à l'extrémité la plus éloignée, et çà et là entre cet étroit chemin et les murs de chaque côté quelques des morceaux d'ardoise sont déposés sur le lit sur lesquels marcher lors de la cueillette des champignons. Voici la chose la plus étrange à propos de la culture des champignons de M. Gardner. Il ne donne au fumier aucun traitement préparatoire pour les massifs. Il le transporte des voitures à la cave, l'étale aussitôt sur le sol et le tasse solidement dans un lit. Par exemple, à une occasion, le fumier est arrivé à Jobstown le 8 juillet ; il a été transporté à la maison et le lit a été préparé le même jour, et les premiers champignons ont été récoltés sur ce lit la deuxième semaine de septembre, soit deux mois seulement après que le fumier ait quitté les écuries de New York ou de Jersey City. Le lit avait quinze pouces d'épaisseur. Pour le préparer, le fumier était d'abord secoué sans serrer pour permettre qu'il soit réparti plus uniformément que s'il était jeté à grosses fourchettes, puis il était ensuite piétiné fermement avec les pieds. Le lit a ensuite été divisé en deux. Sur une moitié (n° 1), une couche d'un peu plus de trois pouces de terreau fut immédiatement placée sur le fumier ; sur l'autre moitié (n° 2), aucun terreau n'était utilisé à ce moment-là, mais le fumier à la surface du lit — environ trois pouces de profondeur — était fourchu sans serrer. Douze jours après avoir été mis dans le lit n° 2, la température, profonde de trois pouces, était de 90°, puis il a pondu. Le lendemain, la terre du lit n° 1, apparue quatre jours plus tôt, a été rejetée sur le lit n° 2, puis une partie de la terre qui avait été jetée sur le lit n° 1 a été rejetée à nouveau sur le lit n° 2, de sorte que maintenant une couche de terreau d'un pouce et demi d'épaisseur recouvrait toute la surface du lit. Une fois terminé, la surface a été tassée doucement avec un dameur avec une face de planche de pin de seize pouces de long sur douze pouces de large. M.

Gardner ne croit pas aux prétendus avantages d'une surface dure sur le lit de champignons, mais il est enclin à privilégier une surface moyennement ferme.

Il utilise du blanc de brique anglais, vendu par nos semenciers. Il a essayé de fabriquer son propre blanc, mais faute de moyens appropriés pour le sécher, il a eu un succès plutôt médiocre.

Presque tous les producteurs insèrent les morceaux de blanc à environ deux à trois pouces sous la surface du fumier, un morceau à la fois, et à intervalles réguliers de neuf pouces environ l'un de l'autre dans chaque sens, dans le sens de la longueur et dans le sens transversal. Mais là encore, M. Gardner affiche son individualité. Il brise le frai de la manière habituelle, en morceaux d'un ou deux pouces carrés. Bien sûr, en le divisant, il y a beaucoup de particules fines en plus des grumeaux. Avec une houe à pointe angulaire, il trace des forets espacés de dix-huit pouces et d'une profondeur de deux et demi à trois pouces le long du lit, et dans les rangées, il sème le blanc, comme s'il semait des noyaux de pêches, ou des noix, ou des haricots mange-tout. , et le recouvre comme s'il s'agissait de graines.

M. Gardner considère 57° comme la température la plus appropriée pour une champignonnière ou une cave et, si possible, la maintient sans l'aide de la chaleur du feu. Il dispose de conduites d'eau chaude reliées au système de chauffage de la serre adjacente dans sa cave, mais il ne les utilise jamais pour chauffer la cave à champignons, sauf lorsqu'il y est obligé. En paillant son lit avec de la paille, il se débrouille sans aucune chaleur du feu, mais cela est très gênant lors de la cueillette des champignons.

Après que le lit ait supporté un peu de temps, il est entièrement recouvert d'une couche d'un demi-pouce de terre fine. Avant son emploi, cette terre a été conservée dans un endroit fermé, fosse, charpente, hangar ou grande caisse, dans lequel il y avait en même temps beaucoup de fumier bouillant, afin qu'elle puisse se charger complètement de champignons. aliments absorbés par la vapeur provenant du matériau en fermentation.

Si une partie du lit devient très sèche, de l'eau à une température de 90° est administrée doucement et avec parcimonie à l'aide d'une rose en pot à pulvérisation fine ou d'une seringue. On ne donne jamais suffisamment d'eau à un moment donné pour pénétrer à travers l'enveloppe dans le fumier situé en dessous ou dans le blanc contenu dans le fumier. Mais plutôt que d'arroser les plates-bandes, M. Gardner trouve qu'il est préférable de maintenir une atmosphère humide et de réduire ainsi la nécessité d'arroser.

M. Gardner croit fermement que les champignons tirent une grande partie de leur nourriture de la "vapeur" du fumier de cheval frais en fermentation, et qu'en utilisant cette "vapeur" dans nos champignonnières, nous pouvons maintenir une atmosphère presque suffisamment humide pour pouvoir nous passer de l'utilisation de la seringue, et les champignons en sont plus gros et plus lourds. Et il met en pratique ce qu'il prêche. Dans une extrémité de sa cave à champignons, il a une très grande boîte profonde et ouverte, à moitié remplie de crottin de cheval frais et fumant, et une ou deux fois par jour il le jette dessus avec une fourchette à fumier, afin de faire monter une « vapeur ». ", ce qui est certainement le cas. C'est aussi dans ce but qu'il introduit si tôt la terre glaise lors de la confection des lits, afin qu'elle se charge d'aliments qui autrement se dissiperaient dans l'atmosphère.

Il y a une différence marquée entre les champignons issus du blanc en flocons français et ceux issus du blanc en brique anglais, mais il n'a jamais observé de variétés distinctes provenant du même type de blanc. Parfois, quelques champignons apparaissent, de forme quelque peu différente de ceux de la culture générale, mais il considère cela comme le résultat des conditions culturelles plutôt que de véritables différences variétales.

Son lit de l'année dernière a commencé à porter ses fruits au début de novembre et a continué à donner une bonne récolte jusqu'au premier mai. Passé ce délai, quelle que soit la récolte, les champignons deviennent tellement infestés d'asticots qu'ils ne valent plus rien , et ils sont éliminés. C'est grâce à la grande masse de fumier dans le lit et à la température basse, agréable et égale de la cave que les lits de cette maison restent toujours si longtemps en bon état de récolte.

Il y a quelques années, les champignons n'étaient cueillis que lorsque leurs têtes s'épanouissaient à plat, mais de nos jours, les commerçants aiment les acheter très jeunes et avant que la peau de la collerette entre la coupe et la tige ne se brise. Un bon marché se trouve à New York, Philadelphie et Boston.

La méthode de M. Denton. -M. WH Denton, de Woodhaven, LI, est un maraîcher extensif à environ dix milles de New York. Pendant les mois d'été, il cultive des légumes en plein air pour les marchés de New York et de Brooklyn, et en hiver des champignons dans les caves. Il n'a pas de serres. Sous ses granges, il possède deux grandes caves qu'il consacre entièrement à la culture des champignons en hiver. Les caves ont sept pieds et demi de hauteur intérieure ; les lits ont cinq pieds de large, neuf pouces de profondeur, espacés de deux pieds, et parallèles les uns aux autres sur toute la longueur de la cave. Les lits ont trois profondeurs, c'est-à-dire qu'un lit est fait sur le sol, et les deux autres, à crémaillère ou sur étagère, sont faits au-dessus du lit au sol, et à deux pieds et demi de distance du bas du lit pour le bas de celui au-dessus. Les étagères sont dans leur ensemble des structures temporaires construites à partir de planches de bois brut et de pruche ordinaires, et les lits ont tous une planche de profondeur.

Un poêle en fer commun et une série de conduits de fumée en tôle sont utilisés pour chauffer les caves. Mais il me dit que l'effet desséchant est très visible sur les lits, cela les assèche beaucoup en surface, et il doit les asperger fréquemment d'eau pour les garder suffisamment humides. À la fin de l'été et pendant les mois d'automne, lors de ses voyages de retour depuis les marchés de Brooklyn, M. Denton rapporte chez lui du fumier de cheval frais provenant des écuries de la ville. Tout ce qu'il peut mettre dans un chariot lui coûte environ vingt-cinq cents ; et c'est ce qu'il utilise pour les champignons. Il le prépare dans un grand hangar ouvert juste au-dessus de la cave et, lorsqu'il est prêt à l'emploi, il y ajoute environ un tiers de sa masse de terreau. Le terreau est la terre ordinaire des champs de son jardin maraîcher. Il me dit qu'il réussit mieux avec des massifs ainsi constitués qu'avec du fumier seul. Nous savons tous à quel point les maraîchers fertilisent leurs terres et avec quelle vigueur la plupart des auteurs sur la culture des champignons dénoncent l'utilisation de terreau enrichi en fumier dans les champignonnières, mais voici M. Denton, le producteur de champignons de marché le plus prospère du quartier. de New York, pratiquant ce qui est dénoncé ! S'il aime d'abord le bon fumier vif, il prend bien soin de ne pas l'utiliser trop tôt au risque de surchauffer les massifs. Le limon contenu dans le fumier neutralise cette forte tendance à la chaleur et, avec le mélange de limon, les plates-bandes peuvent également être construites beaucoup plus solidement qu'avec du fumier ordinaire sur les planches élastiques. Lorsque la température descend à 90°, il engendre les lits.

Il utilise à la fois du blanc français et du blanc de brique, mais il penche surtout pour ce dernier, dont il a utilisé 400 livres à l'automne 1889. Il commercialise de 1700 à 2500 livres. de champignons par an provenant de ces deux caves. M. Denton croit fermement à la propreté dans la cave à champignons et attribue ses meilleurs succès à son nettoyage le plus approfondi. Chaque été, il nettoie ses caves et passe un peu de chaux partout.

La méthode de M. Van Siclen. -M. Abram Van Siclen, de Jamaïque, LI, cultive également des champignons de manière très étendue dans des caves souterraines, dont les dispositions ne diffèrent pas sensiblement de celles de M. Denton, sauf dans sa manière de chauffer. Il dirige un immense établissement de culture de légumes sous serre, ainsi qu'une ferme de camions d'été, et utilise des appareils de chauffage à eau chaude, ainsi que des conduits de fumée comme ceux qu'on emploie habituellement dans les serres, en particulier dans les serres à salade. Les tuyaux en tôle, sauf dans les maisons de squash, n'ont pas beaucoup de faveur.

FIG. 3. COUPE TRANSVERSALE DE LA CAVE À CHAMPIGNONS DOSORIS.

La Cave à Champignons Dosoris. — Il s'agit d'un tunnel ou d'une cave souterraine qui a été creusée et voûtée il y a une dizaine d'années, expressément pour la culture des champignons. Il est situé dans une partie ouverte et ensoleillée du jardin, et sa longueur extrême depuis l'extérieur des murs d'extrémité est de quatre-vingt-trois pieds ; mais de cet espace, neuf pieds à chaque extrémité sont réservés à des fosses d'entrée et à un appareil de chauffage ; et la longueur totale de la cave à champignons proprement dite à l'intérieur des murs intérieurs est de soixante-trois pieds. Les murs et la voûte sont en brique et le sommet de la voûte se trouve à deux pieds et demi sous la surface du sol. Ce tunnel ou arc mesure sept pieds de haut au milieu et huit pieds de large à l'intérieur, mais un chemin surélevé de deux pieds de large le long du milieu réduit la hauteur à six pieds et demi. Entre cette allée et les côtés du bâtiment il n'y a qu'un sol en terre battue, mais il est assez sec car la cave est parfaitement drainée. Trois ventilateurs espacés de seize pieds avaient été construits au sommet de l'arche, mais c'était une erreur, car la condensation dans la cave en hiver provenant de ces ventilateurs maintient toujours l'endroit sous eux froid et humide et plutôt improductif. Un grand puits en bois, semblable à une cheminée, aurait été un meilleur ventilateur que les trois trous d'aération qui existent actuellement, qui sont recouverts d'une grille en fer et en verre.

FIG. 4. PLAN AU SOL DE LA CAVE DOSORIS.

À une extrémité de la maison et derrière les escaliers descendant dans la fosse se trouve l'appareil de chauffage, à partir duquel un tuyau d'eau chaude de quatre pouces circule à l'intérieur de la maison, près du mur et à seulement quatre pouces du sol. Un revêtement de sol en pruche de trois pieds de large sur lequel le lit doit reposer est posé de chaque côté et à environ quatre pouces au-dessus du tuyau, laissant l'ouverture entre le sol en terre et le fond du lit le long du chemin ouverte pour l'évacuation de la chaleur artificielle. . On pourrait penser que le tuyau d'eau chaude situé en dessous, et donc à proximité du lit, assécherait celui-ci et le détruirait, mais tel n'est pas le cas. Dans une cave de ce genre, il faut très peu de chaleur du feu pour maintenir la température requise, et je ne sais pas où d'autre les tuyaux pourraient être placés, là où ils feraient mieux le travail et seraient plus à l'écart.

Ces plates-bandes, pour faciliter leur construction, leur reproduction, leur modelage, la collecte de la récolte et l'arrosage des plates-bandes, ainsi que l'enlèvement du fumier une fois les plates-bandes épuisées, sont construites contre le mur et avec une face arrondie, donnant ainsi un angle de trois et une surface de lit d'un demi-pied de largeur au lieu d'une surface de trois pieds de largeur, s'il était construit à plat. Ce gain de superficie n'est pas aussi important qu'il y paraît, car la partie immédiatement adjacente au bord du sentier cède rarement beaucoup. Au-dessus de ces lits, une chaîne de lits à étagères est disposée sur toute la longueur des deux côtés de la cave. Du sol du lit inférieur au sol du lit supérieur, il y a trois pieds, et les lits supérieurs sont tout aussi larges que les lits inférieurs. Les étagères des lits sont temporaires, montées et démontées chaque année. Les barres transversales reposent dans des douilles dans le mur faites en découpant une demi-brique tous les quatre pieds le long du mur, et sur des bandes ou des pieds verticaux d'un quart et quart sur quatre pouces de large, ou deux sur trois pouces, placés sous l'intérieur. les extrémités des barres transversales et reposant sur le sol en ciment se rapprochent du lit inférieur. En plaçant ce pied à un quart de pouce plus haut que l'extrémité du mur, le poids lourd du lit est projeté vers le mur. Des planches de pruche lâches, rapprochées les unes des autres, forment le plancher, car il n'est pas nécessaire de clouer aucune d'entre elles, sauf celle située à côté de la planche à face verticale, qui a dix pouces de largeur, et clouée le long du devant, près du sentier, aux poteaux et planche d'étagère. En inclinant le poids vers le mur, la planche verticale est suffisamment ferme pour tenir sa place contre toute pression lors de la construction des lits. Les pieds de support des étagères sont également cloués sur la planche frontale du lit inférieur, ce qui les maintient parfaitement solidement en place. Les lits étagères ont une profondeur de huit pouces à l'avant, mais peuvent être réalisés à n'importe quelle profondeur souhaitée contre les murs à l'arrière. Le mur froid n'a aucun effet nuisible sur la tenue du lit, et de nombreux et beaux champignons poussent près des murs.

Les fosses d'entrée ont neuf pieds et demi de profondeur à partir du niveau du sol, trois pieds huit pouces de largeur et neuf pieds de longueur, et sont recouvertes de portes pliantes sur de solides charnières et on y descend au moyen d'escaliers mobiles en bois. Ces dimensions sont nécessaires à l'extrémité où est placé l'appareil de chauffage, mais à l'autre extrémité, bien que cela soit commode pour la manipulation du fumier, un espace de deux ou trois pieds de moins aurait tout aussi bien répondu. Une porte fermée à chaque extrémité de la champignonnière proprement dite la sépare des fosses d'extrémité. La cave est divisée au milieu par une cloison. Cela donne, lorsqu'il est en parfait état de fonctionnement, huit lits, chacun mesurant trente et un pieds et demi de long, soit une longueur continue de 252 pieds ou 756 pieds carrés de surface, et comme les lits sont renouvelés deux fois par an, cela donne 504 pieds courants de lit, soit 1512 pieds carrés de surface. Une récolte moyenne courante est de trois cinquièmes de livre de champignons par pied carré de lit, et une bonne moyenne est de quatre cinquièmes de livre. Cela donnerait plus de mille livres de champignons par saison dans cette cave lorsqu'elle fonctionnerait à pleine capacité. Mais comme le but est d'avoir un approvisionnement régulier en champignons d'octobre à mai, et non une chasse à un moment donné et une pénurie à un autre, on ne fait que deux parterres à la fois, en laissant un mois s'intercaler entre deux.

Pour les deux planches n° 1, la préparation du fumier commence en juillet, les planches sont faites en août et la récolte commence en octobre ; les travaux des deux massifs n° 2 commencent en août, les massifs sont constitués en septembre et les champignons récoltés en novembre ; la préparation des deux massifs n° 3 commence en septembre, les massifs sont confectionnés en octobre, le ramassage commence en décembre ; pour les deux planches n° 4, les travaux commencent en octobre, les planches sont confectionnées en novembre et la récolte est récoltée en janvier ; pour les deux planches n° 5 (n° 1 renouvelées), les travaux commencent en novembre, les planches sont confectionnées en décembre et la récolte est récoltée en février ; pour les deux planches n° 6 (n° 2 renouvelées), les travaux commencent en décembre, les planches sont confectionnées en janvier et la récolte est récoltée en mars ; pour les deux planches n° 7 (n° 3 renouvelées), les travaux commencent en janvier, les planches sont confectionnées en février et la récolte est récoltée en avril ; pour les deux massifs n° 8 (n° 4 renouvelé), les travaux commencent en février, les massifs sont confectionnés en mars et les champignons récoltés en mai. Après cette période de l'année, la chaleur estivale rend la culture des champignons incertaine et les asticots détruisent les champignons. Ce système permet à chaque lit une période de portage de deux mois. Après avoir produit une récolte pendant environ sept à neuf semaines, les plates-bandes sont assez épuisées et ne valent guère la peine d'être conservées plus longtemps. Ils peuvent traîner de manière décousue pendant des semaines, mais dès qu'ils cessent de produire une récolte rentable, nous les éliminons et recommençons.

Et lorsque la saison des champignons est terminée, nous retirons et enlevons le fumier, nettoyons les planches utilisées dans les étagères et nettoyons en profondeur la cave, blanchissons ses murs et peignons ses boiseries au kérosène pour détruire les insectes et les champignons nuisibles.

FIGURE 6. COUPE VERTICALE.

L'appareil de chauffage consiste en une des chaudières à brûleur de base de Hitchings avec un tuyau d'eau chaude de quatre pouces qui circule à l'intérieur de la cave, et il mérite une mention spéciale en raison de son économie, de son efficacité et de la satisfaction qu'il donne en général. Cette chaudière ne nécessite pas de trou de chauffe profond ou spacieux. Ici, il est placé sous l'escalier dans une fosse de quatre pieds et demi de long, sur trois pieds de large, sur dix-huit pouces de profondeur ; cela ne gêne pas et il y a suffisamment de place pour s'en occuper. Le radiateur, comme un poêle de salon ordinaire, dispose d'un magasin pour l'alimentation en charbon. Il a une double enveloppe avec l'espace d'eau entre et jusqu'au fond, de sorte que lorsqu'il est placé dans une fosse peu profonde, il n'y a aucune difficulté concernant la circulation de l'eau dans les tuyaux. L'eau chaude passe de la chaudière à un réservoir en fer ouvert placé à deux pieds au-dessus, comme le montre la gravure, et de là descend par un tuyau perpendiculaire jusqu'à ce qu'elle atteigne et entre dans les tuyaux horizontaux qui font le tour de la cave et, en revenant, entre dans le chaudière à nouveau près de sa base. La chaudière et les tuyaux sont remplis à partir de ce réservoir, qui doit toujours être maintenu au moins à moitié plein d'eau, et examiné chaque jour lors de son utilisation, de sorte que lorsque l'eau descend à moins de la moitié, il puisse être rempli à nouveau. Environ 134 pieds courants de tuyaux de quatre pouces sont inclus à l'intérieur de la cave (soixante-quatre pieds de chaque côté et six pieds de diamètre à l'autre extrémité) ; cela donne 134 pieds carrés de surface de chauffage, soit une proportion d'environ un pied carré de surface de chauffage pour quinze pieds cubes d'espace d'air dans la cave. Cette proportion est plus que suffisante par temps les plus froids, mais bénéfique dans la mesure où il n'est pas nécessaire de tirer fort pour maintenir la température appropriée. Un tuyau de trois pouces aurait fourni suffisamment de chaleur, mais la chaleur n'aurait pas été aussi constante. Ce chauffage utilise à la fois du charbon de noix et du charbon de poêle, et dans les conditions hivernales les plus rigoureuses, il ne brûle pas plus d'une houe ordinaire en vingt-quatre heures. Elle se règle si facilement que la température de la cave, de jour comme de nuit, ou par temps doux ou violent, ne varie jamais de plus de trois degrés, soit de 57° à 60°.

Dans une cave souterraine étroite où la température en plein hiver, sans aucune chaleur artificielle, ne descend pas en dessous de 40° ou 45°, il est facile, avec un tel appareil de chauffage, de maintenir la température souhaitée. Si les grilles sont remplacées de temps en temps, le poêle devrait durer vingt ans en bon état. Avec le poêle ordinaire, il existe un risque d'incendie, de fuite de gaz et de changements brusques de température, et l'influence néfaste d'une chaleur sèche et desséchante - ce que les champignons détestent le plus - est toujours présente. Le coût initial d'un appareil à eau chaude peut être plus élevé que celui d'un vieux poêle et de tuyaux en tôle, mais là où les champignons sont cultivés de manière extensive, pour des raisons d'économie, d'efficacité et de commodité, les avantages sont entièrement du côté de l'eau chaude. appareil à eau. De plus, les conduites d'eau chaude peuvent être installées là où il serait dangereux d'installer des conduites de fumée.

CHAPITRE III.

CULTURE DE CHAMPIGNONS DANS LES MAISONS DE CHAMPIGNONS.

FIG. 7. MAISON CHAMPIGNON CONSTRUITE CONTRE UN MUR ORIENTÉ AU NORD.

Une champignonnière est un bâtiment construit spécialement pour la culture des champignons. Il peut être entièrement ou partiellement hors sol, construit en bois, en brique ou en pierre, et s'étendre à toutes les dimensions souhaitées. Mais quelques principes généraux doivent être gardés à l'esprit. Les champignons dans les maisons sont une culture d'hiver et non d'été, et ils sont impatients des changements brusques de température et d'une atmosphère chaude ou aride. Par conséquent, construisez les maisons où elles seront chaudes et bien abritées en hiver, afin de profiter de la chaleur naturelle et d'épargner la chaleur artificielle. On y entrera par un bâtiment attenant, ou par un porche du côté sud, de manière à se prémunir contre les courants d'air froids ou les souffles en hiver, lorsqu'on ouvrira la porte pour entrer ou sortir de la maison. En même temps, ne perdez pas de vue la commodité de la manipulation du fumier, que ce soit pour l'introduire dans la maison ou pour l'enlever, et à cet effet, il peut être nécessaire d'avoir une porte ouvrant sur l'extérieur. Toutes les portes extérieures doivent être doubles et solidement fermées en hiver. Les aérateurs de fenêtres latérales ne sont pas nécessaires, mais ils sont en même temps utiles en début de saison et en été ; ils doivent être doubles et bien emballés en hiver. Les murs, s'ils sont en brique, doivent être creux, s'ils sont en bois, doubles ; en effet, les murs construits comme pour une glacière sont ce qu'il y a de mieux pour une champignonnière et doivent être recouverts de terre, de feuilles d'arbre ou de fumier pailleux en hiver, pour aider à garder l'intérieur de la maison un peu plus chaud.

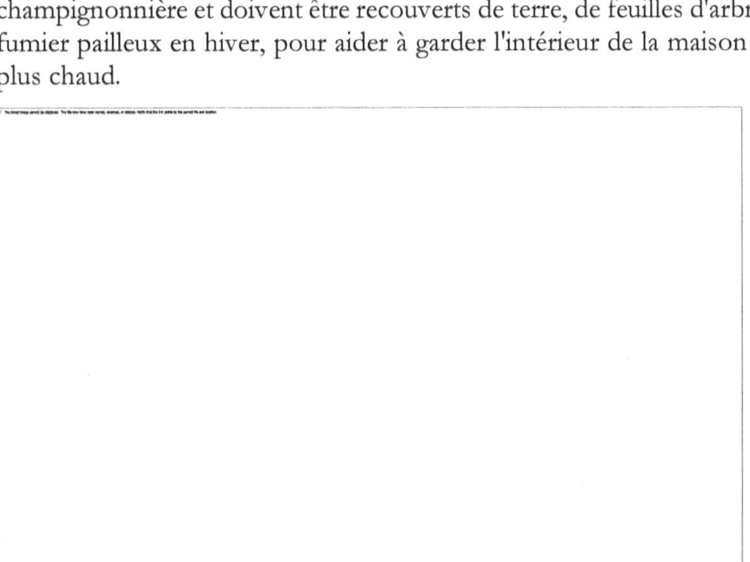

FIG. 8. SECTION DE LA MAISON CHAMPIGNON DE MME CJ OSBORNE.

Le sol doit être parfaitement sec ; c'est-à-dire si bien drainé que l'eau ne s'y stagnera pas, mais peu importe que le sol soit un sol en terre ordinaire ou en bois ou en ciment.

FIG. 9. PLAN AU SOL DE LA MAISON CHAMPIGNON DE MME OSBORNE.

Le toit doit être double et toujours en pente, jamais plat. Le givre qui apparaît par mauvais temps à l'intérieur d'un seul toit est susceptible de fondre à mesure que la chaleur du jour augmente, et cette goutte froide tombant sur les plates-bandes en dessous est très préjudiciable à la récolte des champignons. Un double toit protège les lits de ce ruissellement, rend également la maison plus chaude et nécessite moins de feu pour maintenir la température requise. On pourrait penser qu'un toit simple comme celui d'une maison d'habitation, suivi d'un plafond plat en dessous, équivaudrait à un toit à double pente, mais ce n'est pas le cas. L'humidité provenant de l'intérieur de la maison se condense sur le plafond plat, et l'eau, n'ayant aucun moyen de s'écouler, goutte sur les lits. Avec un plafond en pente ou un toit intérieur, l'eau coule du plafond jusqu'aux murs. Un exemple très concret de ceci peut être vu dans l'excellent champignonnière de Mme CJ Osborne à Mamaroneck, New York. Elle avait été construite de la manière la plus substantielle, avec un toit en pente et un plafond plat sous le toit, mais tant de désagréments étaient causés par le goutte-à-goutte en tombait sur les plates-bandes en dessous que son jardinier avait fait enlever le plafond plat et en construire un en pente à la place, et maintenant cela fonctionne à merveille, et il y a quelques mois, j'ai vu dans cette maison une récolte de champignons aussi belle qu'on pourrait le souhaiter. regarder.

L'aménagement intérieur de la champignonnière peut ressembler à celui de la champignonnière. Les lits peuvent être faits le long des murs et, s'il y a de la place, également au milieu de la maison, et les étagères érigées de la même manière que dans la cave. Mais dans le cas de murs extérieurs froids et minces, les lits-étagères ne doivent pas être construits tout près d'eux, mais plutôt isolés d'environ deux pouces des murs, de manière à protéger les lits du contact glacial du mur en hiver. L'économie peut suggérer l'opportunité de champignonnières hautes, de sorte que l'on puisse construire une étagère au-dessus d'une autre, jusqu'à ce que les étagères aient deux, trois ou quatre profondeurs. Mais c'est une erreur. La chaleur artificielle nécessaire pour maintenir une température de 55° en plein hiver dans une maison construite en hauteur serait trop desséchante et instable pour le bien des champignons ; en outre, une deuxième étagère est assez incommode, et lorsqu'il s'agit d'une troisième ou d'une quatrième, l'inconvénient serait trop grand et dépasserait tout avantage espéré en termes d'économie d'espace. Une champignonnière non chauffée doit être considérée comme un hangar et traitée de la même manière, comme décrit dans le chapitre suivant.

Dans les grands jardins privés bien aménagés, une champignonnière est considérée comme un complément presque indispensable à l'établissement de la serre et est généralement construite contre le mur orienté au nord d'une serre. De cette façon, il bénéficie du mur chaud et peut être facilement chauffé en introduisant un ou deux tuyaux d'eau chaude provenant du système de serre ; de plus, en hiver, on peut entrer dans la maison par la serre ou par le hangar adjacent, et être ainsi exempté de l'haleine inclémente de l'air glacial qui serait admis en ouvrant la porte extérieure.

FIG. 10. VUE INTÉRIEURE DE LA MAISON CHAMPIGNON DE M. S. HENSHAW.

La maison champignon de M. Samuel Henshaw. -M. Henshaw cultive des champignons depuis plusieurs années chez lui à Staten Island. Sa champignonnière mesure neuf pieds de large et soixante pieds de long. Un côté est un mur de briques et l'autre est à double paroi. Le toit est en tôle, dans lequel il y a trois châssis chacun de deux pieds sur cinq, fournissant suffisamment de lumière. À chaque extrémité se trouve une porte donnant un accès pratique à l'intérieur, pour transporter et retirer du matériel sans perturber les lits porteurs. En hiver, le toit est recouvert d'une couche de foin salé, pour conserver une température équitable et éviter que l'humidité ne se condense au plafond et ne tombe en gouttes sur les massifs. Le sol est en terre qui, lorsqu'elle est bien drainée, est préférable à la brique ou au bois. Le sol est entièrement recouvert de lits, aucune étagère ni passerelle n'étant utilisée. Cela rend nécessaire de marcher sur les plates-bandes, mais comme aucune couverture n'est utilisée, il est toujours facile d'éviter de marcher sur les grappes de jeunes champignons, et tant qu'elles ne sont pas blessées, la plate-bande est rarement, voire jamais, altérée par le compactage. effet du piétinement. Afin de maintenir une température hivernale nécessaire de 60°, un tuyau d'eau chaude de quatre pouces s'étend sur toute la longueur de la maison, à environ deux pieds du sol. De l'autre côté du mur de briques se trouve une serre qui, en gardant le mur au chaud, contribue à garder la champignonnière au chaud. M. Henshaw divise cette maison en trois lits égaux. La partie située au fond de la maison est maquillée à l'automne et entre en production en décembre ; la partie médiane un mois plus tard pour arriver un mois plus tard, et la fin proche encore un mois plus tard, pour suivre comme une autre succession. Puis, s'il le faut, et s'il souhaite renouveler le lit situé à l'autre bout de la maison, il le débarrasse et fournit du matériel neuf pour le nouveau lit.

CHAPITRE IV.

CULTURE DE CHAMPIGNONS DANS DES hangars.

Quiconque dispose d'un hangar confortable et chaud peut avoir une bonne champignonnière, mais il est impératif que le sol soit sec et le toit étanche. Bien sûr, un hangar fermé, comme une remise à outils ou une remise à voitures, vaut mieux qu'un hangar ouvert, mais même un hangar ouvert du côté sud, s'il est étroitement muré des autres côtés, peut également être fait de bonne qualité. utiliser pour les plates-bandes de champignons. Bien que les hangars ouverts soient suffisants pour les plates-bandes qui donnent leur récolte avant Noël, ils sont mal adaptés aux plates-bandes du milieu de l'hiver. La température à l'intérieur d'un lit de champignons doit être d'environ 60° pendant la période de production, et la température de la surface du lit de 45° à 50° au moins ; si elle est inférieure, le mycélium a tendance à se reposer et la récolte stagne. Or, cette température ne peut pas être maintenue dans un hangar ouvert, par temps très glacial, sans plus de problèmes que la récolte n'en vaut la peine. Les lits devraient être emballés et paillés très abondamment. Et même dans un hangar fermé et chaud, une telle protection devrait être assurée, mais le lit ne devrait pas être soumis à l'influence pénétrante de vents et de courants d'air perçants. Les champignonnières doivent donc être réalisées dans les parties les plus chaudes des hangars les plus chauds.

Les lits doivent être faits sur le sol et aussi d'un côté que possible, de manière à être à l'écart, et à plat sur le sol, ou arrondis contre les côtés du hangar ; dans ce dernier cas, la maison doit être bien entourée à l'extérieur avec de la litière, des feuilles d'arbres ou de la terre, de manière à exclure le gel de la partie inférieure des murs et à empêcher ainsi le fumier des lits de se refroidir trop. Les plates-bandes doivent être creusées plus profondément dans un hangar frais que dans une cave ou une champignonnière chaude, afin qu'elles puissent conserver leur chaleur pendant longtemps.

Les lits à étagères ne doivent pas être utilisés dans des hangars non chauffés, en raison de la difficulté à les garder au chaud en hiver. En règle générale, les lits sur étagères ne sont pas aussi profonds que ceux posés au sol ; c'est pourquoi ils ne conservent pas leur chaleur aussi longtemps. Lorsque le froid s'installe, il est facile de mettre dans des boîtes et de couvrir les lits inférieurs pour les garder au chaud, mais dans le cas des lits à étagères, qui sont exposés au-dessus et au-dessous, il est plus difficile de les protéger suffisamment contre le froid qu'ils ne le sont. valeur.

D'une manière générale, le terme hangar s'applique à des structures simples en bois, non chauffées ; par exemple, le hangar à bois, la remise à outils, une remise à voitures ou une grange à foin. Mais on utilise souvent le nom de hangar pour désigner des bâtiments chauffés, comme les hangars d'empotage et d'emballage des fleuristes. Si ces hangars chauffés n'étaient que de simples ateliers de travail, et où il y a beaucoup de sorties et d'entrées, et par conséquent des courants d'air et des variations brusques et fréquentes de température, le traitement des champignonnières qui y sont faites serait le même que celui conseillé pour les champignonnières ordinaires ; mais comme les circonstances sont quelque peu différentes, le traitement ne devrait pas non plus être le même. Un hangar de rempotage chaud est un excellent endroit pour les plates-bandes de champignons. Ici, ils doivent être placés sous les bancs et recouverts devant d'épaisses toiles de calicot, de tissus protecteurs pour les plantes ou de volets en bois clair, pour exclure les courants froids et les changements atmosphériques brusques, et pour éviter que les lits ne sèchent trop rapidement.

CHAPITRE V.

CULTURE DE CHAMPIGNONS DANS LES SERRES.

Quiconque possède une serre peut y cultiver des champignons. Et peu importe le type de serre, qu'il s'agisse d'une serre fruitière, d'une serre fleurie ou d'une serre potagère, elle est disponible pour les champignons. L'un des avantages de la culture des champignons dans une serre est qu'ils poussent à la perfection dans des parties de la serre qui ne valent presque rien à d'autres fins ; par exemple, dans les étages où rien d'autre ne pousse bien, bien qu'on puisse y forcer la rhubarbe et les asperges, et blanchir un peu de chicorée et de pissenlit.

FIG. 11. LIT DE CHAMPIGNONS EN BOÎTE SOUS LE BANC DE SERRE.

Dans tous les cas, les serres fraîches conviennent mieux aux champignons que les serres. Les maisons fraîches sont rarement maintenues à une température inférieure à 45° ou 50° en hiver, tandis que les serres fonctionnent entre 60° et 70° la nuit, avec une élévation de dix à vingt degrés le jour, ce qui est trop chaud pour les champignons. Il est très facile, en recouvrant de foin ou de boxage et en recouvrant le boxe de foin ou de nattes, de maintenir un lit de champignons dans une maison fraîche au chaud et à l'abri de changements marqués de température ; mais il est difficile de maintenir un lit de champignons dans une serre suffisamment frais et d'empêcher des élévations soudaines de température.

Sur les bancs de serre. — Il arrive quelquefois que les plates-bandes se forment sur les bancs de la serre, et que les champignons occupent la même place qu'on pourrait attribuer aux rosiers ou à toute autre culture plantée. Les lits sur les bancs sont faits d'une planche de profondeur, c'est-à-dire de huit à dix pouces de fumier court et frais, et autrement comme dans le cas des lits ailleurs. Une fois que les lits ont été frayés et recouverts de terre, en les recouvrant d'une couche de litière de paille ou de foin, on évite un dessèchement soudain de la surface, et afin d'éviter davantage ce dessèchement, il est bon d'asperger un peu d'eau dessus. le paillage tous les jours ou deux, mais pas suffisamment pour pénétrer dans le lit. À peu près au moment où les jeunes champignons commencent à apparaître, retirez le paillage et remplacez-le par une couverture de volets surélevée d'une autre hauteur au-dessus du lit, ou avec un calicot solide ou un tissu protégeant les plantes suspendu en guise de rideau au-dessus des lits. L'illustration qui l'accompagne, fig. 12, pour laquelle je suis redevable à Henry A. Dreer, de Philadelphie, donne une excellente idée de la manière dont les champignons peuvent être cultivés et entretenus sur des bancs de serre. Cette illustration, écrit M. Dreer : "est réalisée à partir d'une photographie d'une culture cultivée sur les bancs de la serre à la ferme modèle, par M. McCaffrey, jardinier de JE Kingsley, Esq., de l'hôtel Continental.... Aucune couverture de litière est utilisée, mais l'ombrage requis les jours ensoleillés est assuré par l'utilisation d'un tissu de coton tendu sur le dessus du lit, comme le montre la gravure.

FIG. 12. CHAMPIGNONS CULTIVÉS SUR DES BANCS DE SERRE À LA FERME MODÈLE DE M. JE KINGSLEY.

Ma principale objection aux plates-bandes de champignons sur les bancs des serres est leur vulnérabilité aux changements fréquents et marqués de température et d'humidité atmosphériques, ainsi qu'au dessèchement. Au milieu de l'hiver, tout va peut-être bien, mais à mesure que le printemps avance et que la luminosité et la chaleur du soleil augmentent, la susceptibilité des plates-bandes à devenir sèches augmente également.

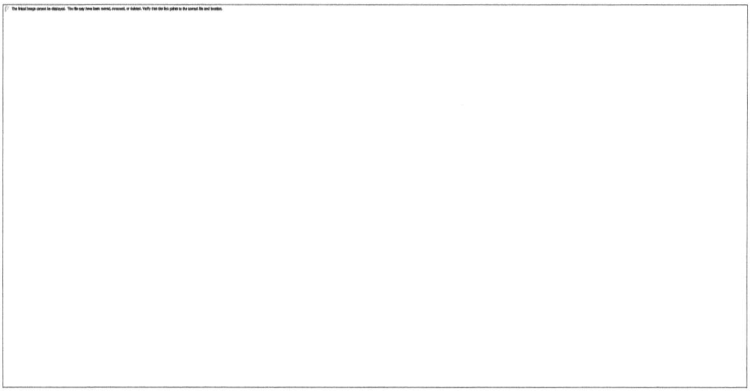

FIG. 13. LIT LARGE AVEC CHEMIN AU-DESSUS.

Dans Cadres dans les serres. -M. JG Gardner possède une série de serres d'environ 900 pieds de long - la plus longue chaîne ininterrompue de serres que je connaisse - pour forcer les fruits et légumes en hiver ; raisins, pêches, nectarines, figues, tomates, concombres, haricots mange-tout, pois, laitue. Cette gamme est divisée en plusieurs compartiments, pour accueillir les différentes variétés de cultures, afin également que certaines puissent être exploitées en maisons de succession. Pour tirer le meilleur parti de tout, à la manière d'un maraîcher, il double ses récoltes autant que possible, et pour cela il ne trouve pas de culture plus agréable et plus rentable que les champignons. Peu lui importe que la maison soit froide ou chaude, il peut de toute façon y faire pousser des champignons et, pour être maître de la situation, il réalise ses champignonnières dans des cadres de foyers à l'intérieur des serres. En veillant à aérer ou à rester à proximité, ou à se couvrir ou à laisser nu, il peut réguler correctement la température du parterre de champignons, quelle que soit la chaleur ou le froid de l'atmosphère de la serre. De la même manière, en ombrageant ou en démontant les vitres, il règle la lumière admise dans les champignons.

Les serres dans lesquelles les champignons sont cultivés sont des vergers, c'est-à-dire des serres dans lesquelles sont cultivés et forcés des pêchers et des nectarins. Comme ces arbres fructifient et terminent leur croissance tôt, il est nécessaire qu'ils soient maintenus aussi frais et inactifs que possible à l'automne et au début de l'hiver, et qu'ils reprennent leur croissance à la fin de l'hiver. Ainsi, à l'automne, la matière fermentante étant confinée dans des châssis retient suffisamment de chaleur pour le bon développement des champignons, et à mesure que l'hiver avance et que la chaleur dans les châssis commence à diminuer, il devient nécessaire de commencer à chauffer les serres pour pouvoir démarrer. les arbres fleurissent et poussent, et bénéficient ainsi de conditions très favorables pour la production continue de la culture des champignons.

FIG. 14. CHAMPIGNONS SUR LES BANCS DE SERRE SOUS LES TOMATES.

Les cadres utilisés sont des cadres de foyers courants de sept pieds de large et portant des châssis de trois pieds et demi de large. Une rangée d'entre eux est disposée au milieu des serres, car elles occupent serre après serre. Ils sont à plat sur le sol et, au début de la saison, seuls dans les serres. Mais à mesure que l'hiver avance, on érige sur ces cadres une estrade temporaire, sur laquelle on doit cultiver des spirées, des pois, des haricots ou d'autres fleurs ou légumes. Ceux-ci aiment la lumière et la position près du verre, tandis que les champignons poussent parfaitement dans les parties sombres des cadres sous les scènes. S'il ne cultivait pas de champignons selon ces étapes, la pièce serait inoccupée, donc improductive ; mais en l'occupant de champignons, il obtient non seulement des pêches et des haricots mange-tout de la même serre, mais aussi une récolte de champignons, qui vaut souvent autant que les deux autres.

Lors de la préparation des lits dans les cadres, ils ont été constitués d'un pied de profondeur, très fermes et avec du fumier d'écurie de New York apporté directement des wagons. Il n'y a eu aucune préparation préalable du fumier. Une couche de terreau d'un pouce et demi de profondeur était ensuite étalée sur la surface et fourchue dans le lit de fumier d'un pouce et demi de profondeur, de manière à former un tapis terreux de trois pouces de profondeur. Celui-ci a ensuite été compacté avec les pieds et une couche de deux pouces de fumier en vrac a été ajoutée partout. Au bout d'une dizaine de jours, la température à trois pouces sous la surface était d'environ 95°, et les lits furent alors frayés. Lors du frai, des forets étaient tirés à travers les lits à environ un pied de distance et juste assez profondément pour toucher mais pas pénétrer le tapis terreux mentionné ci-dessus. Le blanc cassé était ensuite semé dans les semoirs et recouvert d'une couche de terreau d'un pouce et demi à deux pouces de profondeur, qui était légèrement tassé. Les ouvrants ont ensuite été mis en place et légèrement inclinés pour laisser l'humidité s'échapper. Au moment où les champignons sont apparus, il n'y avait presque plus besoin d'aérer, car la condensation de l'humidité sur le verre était à peine apparente ; mais la ventilation est facilement guidée par l'apparition d'humidité sur le verre, plus il y en a, plus il faut ventiler. Au début, aucune tentative n'a été faite pour ombrer les cadres ; mais dès que les champignons commencèrent à apparaître, les plates-bandes furent ombragées, et principalement par les cultures d'autres plantes situées au-dessus d'elles. Ces plates-bandes ont été confectionnées en octobre dernier et ont commencé à produire en décembre, et le 14 mars, M. Gardner m'a écrit : « Les champignons dans mes cadres ont fait un travail grandiose. J'ai coupé aujourd'hui de grands paniers des meilleurs champignons que j'ai jamais vus. , certains d'entre eux mesurant cinq pouces de diamètre avant d'être complètement déployés.

Et plus loin, en lui soumettant les notes ci-dessus pour vérification, il ajoute : « Il y a un point essentiel que nous devrions insister auprès de tous ceux qui cultivent des champignons dans des cadres ou sous des bancs de serre, à savoir qu'il faut éviter les changements brusques de température. , à mon avis, est bon pour les champignons, il provoque une élévation de température, contre laquelle il faut se prémunir. Afin de maintenir une température uniforme, tout verre exposé à la lumière ou à la chaleur de toute autre manière doit être recouvert d'un matériau non conducteur. La paille de seigle est la meilleure chose que je connaisse à cet effet. En effet, on néglige cette question simple, dans les cas où la lumière du soleil et la chaleur des conduites d'eau chaude entrent en contact avec les jeunes champignons ou le mycélium à la surface des plates-bandes. , est la cause de nombreux échecs dans la culture sous châssis et sous serre."

Sous les bancs de serre. —Les espaces vides ouverts sous les scènes sont partout de bons endroits pour les parterres de champignons. Cependant, observez attentivement quelques points, à savoir : Un sol sec sous les lits est impératif, car un sol mouillé imbibe et refroidit les lits, et les rend insalubres pour le frai ; mais le sol commun en terre battue est suffisant, pourvu qu'il n'y ait à aucun moment d'eau qui s'y accumule ; si c'est le cas, le sol qui se trouvera sous les lits peut être rendu sec en le surélevant un peu plus haut que le niveau général, ou en utilisant un revêtement de sol en vieilles planches. Les lits ne doivent pas être construits à proximité de conduites d'eau chaude, de conduites de vapeur ou de conduits de fumée, car la chaleur qui s'en dégage, lorsqu'ils sont en état de fonctionnement, fera cuire les parties des lits à côté d'eux et les rendra improductives, et également se fissurera et se fissurera. abîmer les chapeaux des champignons qui remontent à moins d'un pied ou deux des tuyaux. Mais ces dommages causés par les tuyaux et les conduits chauds peuvent être considérablement atténués en enfermant les tuyaux, de manière à couper la chaleur des plates-bandes de champignons et à lui permettre de s'échapper complètement vers le haut ; alors les lits peuvent être faits, en toute sécurité, jusqu'à un pied des canalisations. En règle générale, les conduites d'eau chaude passent sous les bancs avant d'une serre, il n'est donc pas conseillé de faire des lits sous ces bancs. Le banc du milieu est celui le plus souvent dépourvu de tuyaux, donc le mieux adapté aux lits. Il a plus de hauteur sous plafond, et donc des facilités de travail plus faciles. Les serres chauffées à la vapeur offrent généralement les meilleurs logements pour les champignonnières, parce que les tuyaux occupent moins de place sous les bancs que ceux pour l'eau chaude, et qu'ils sont toujours maintenus plus haut que le sol.

Parmi d'autres plantes sur les bancs de serre. — Il arrive parfois que des champignons poussent spontanément parmi les roses, les œillets, les violettes, les résédas et autres plantes cultivées « plantées » sur les bancs, et c'est particulièrement le cas lorsque de la terre fraîche vient d'être utilisée, en totalité ou en partie. partie, pour remplir les banquettes. Ces champignons proviennent de blanc naturel contenu dans le terreau ou le fumier avant d'être introduit à l'intérieur, et qui est susceptible d'être un véritable blanc vierge. Les champignons sont généralement de l'espèce commune, cultivés à partir de blanc de brique, mais il arrive parfois qu'une espèce beaucoup plus grosse et plus lourde soit produite, il s'agit du champignon « cheval ». Il est parfaitement bon à manger, mais de qualité plus grossière que l'autre.

Une récolte juste et certaine peut être obtenue en plantant des morceaux de blanc dans les lits ici et là entre les plantes et là où ils seront le moins susceptibles d'être imbibés d'eau. Afin d'assurer davantage le développement du frai, des trous de la taille d'une tasse d'une pinte doivent être creusés ici et là au-dessus du lit, et remplis solidement avec des crottes de cheval assez fraîches mais sèches, avec le morceau de frai au milieu. , et recouvert d'un pouce de terreau, de manière à laisser toute la surface du lit de niveau. Une si petite quantité de fumier sec entouré de terre froide ne s'échauffera pas sensiblement, et l'humidité du limon qui l'entoure l'humidifiera bientôt, si sec soit-il. Les excréments secs et frais constituent le meilleur matériau pour démarrer la croissance du mycélium.

Cultiver des champignons dans des maisons de roses. — George Savage, jardinier en chef des serres de M. Kimball, à Rochester, dans l'État de New York, cultive des champignons avec beaucoup de succès sous les bancs des rosiers. Lorsqu'il constitue ses premiers parterres de champignons à l'automne, la roseraie est maintenue au frais, ce qui constitue un avantage pour les parterres de champignons, qui tirent toute la chaleur dont ils ont besoin du fumier en fermentation ; mais à mesure que novembre avance et que la chaleur dans les plates-bandes commence à diminuer, les rosiers « démarrent » et cette chaleur artificielle arrive en bonne saison pour profiter à la croissance des champignons. Les roses, dans ce cas, sont plantées sur des bancs, de sorte qu'il n'y a pratiquement aucune goutte d'eau du dessus sur les parterres de champignons en dessous.

M. George Grant, de Mamaroneck, New York, qui cultive des champignons en serre, j'ai appelé pour voir en janvier dernier et j'ai été très satisfait de sa méthode simple et efficace. Les planches étaient alors en bonne santé, très remplies, et la récolte était de la meilleure qualité. Les lits étaient faits sur le sol en terre battue de sa maison de forçage de tomates et sous la banquette arrière. Le lit était plat, profond de sept à huit pouces, avec un revêtement constitué d'une planche de pruche de dix pouces de large posée sur le bord à l'arrière et une autre de même taille contre l'avant. Le lit était fait de crottin de cheval, d'une profondeur de six pouces, et recouvert d'un limon frais d'une profondeur d'un pouce et demi. Sur l'ensemble, et reposant sur les bords des planches de pruche, il y avait une légère couverture d'autres planches, avec une pincée de foin dessus pour arrêter et évacuer les égouttements et maintenir une température égale dans le lit.

M. Abram Van Siclen, de la Jamaïque, Long Island, est l'un des plus grands producteurs de champignons destinés au marché du pays, ainsi que l'un des plus grands producteurs de camions maraîchers sous serre autour de New York. Il consacre un immense espace sous ses bancs de saladerie à la culture des champignons. Les plates-bandes sont faites sur le sol de la manière habituelle, uniquement pour des raisons de commodité, afin de laisser suffisamment d'espace pour constituer les plates-bandes et récolter la récolte, en plus d'éviter la nécessité de construire des structures plus hautes que les serres à laitue ordinaires, les serres à champignons. les lits sont enfoncés d'environ dix-huit à vingt-quatre pouces sous le niveau des sentiers. Comme les laitues sont plantées sur les bancs, elles ne s'égouttent que très peu, c'est pourquoi les plates-bandes en contrebas conviennent assez bien. Et la température d'une saladerie est à peu près idéale pour un lit de champignons de longue durée. La lumière est occultée par une simple couverture de foin salé posée sur les massifs, et parfois par des volets en bois clair disposés contre l'ouverture entre les bancs de salades et le sol, enfermant ainsi les champignons dans l'obscurité totale.

M. William Wilson, d'Astoria, possède une immense serre près de New York. Dans ses serres, sous les bancs latéraux et centraux, il cultive des champignons, et quand je les ai vus en janvier, il y avait environ 300 mètres carrés de plates-bandes. Les lits étaient plats, d'environ neuf pouces d'épaisseur, construits sur le sol et protégés de la forte lumière par des punaises de mousseline sur les ouvertures entre les bancs et les lits le long des allées. Mais sa récolte souffrait d'écoulement. M. Wilson m'a dit qu'il ne pouvait pas commencer à répondre à la demande. Il dit que tout ce qu'il fait avec des champignons est pour la plupart un gain évident. Ils occupent un espace qui autrement resterait inoccupé, et il a besoin de fumier et de terreau dans son activité de fleuriste, et il est en meilleur état pour le rempotage après avoir pourri dans les champignonnières qu'il ne l'était avant d'être utilisé à cette fin.

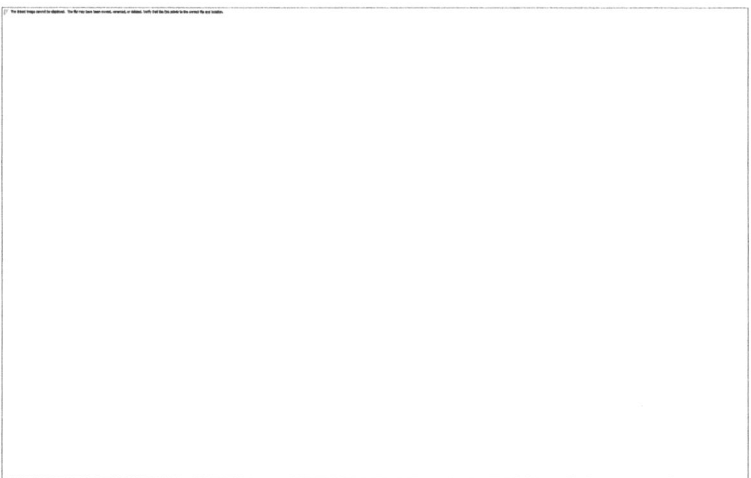

FIGURE 15. M. WM. CHAMPIGNONS DE WILSON.

Goutte à goutte des bancs. — Cela doit être évité dans les lits situés au-dessus, sinon ils temperaient ou refroidiraient et tueraient dans une large mesure le frai. J'ai vu de nombreux exemples de ce mal. Les parterres seraient pleins de trous d'égouttement sur toute leur surface, et bien qu'un bon nombre de champignons ici et là autour du parterre puissent se

perfectionner, des multitudes n'atteignent que l'état de tête d'épingle - ou
peut-être la taille d'un pois - et s'embuent ensuite. des correctifs. Ce n'est pas
un ou deux petits champignons dans une touffe qui s'embuent, mais c'est là
que l'on embue tous les petits champignons de cette parcelle, car il ne s'agit
pas d'une maladie du champignon individuel, mais du mycélium ou de la
plante champignon qui court. dans le lit, et quand celui-ci est blessé ou tué,
tous les petits champignons issus de cette parcelle particulière de plante sont
privés de leur subsistance et doivent périr.

Dans les serres où les bancs sont occupés par des roses, des œillets, des
bouvardias, des violettes ou des laitues, « plantées dehors », comme les
fleuristes et les jardiniers commerciaux les cultivent généralement, il y a très
peu d'égouttement, car même si les plantes sur ces bancs sont librement
arrosées, le sol n'est jamais suffisamment détrempé pour que l'eau s'en écoule
en ruisseaux ruisselants, comme c'est continuellement le cas dans les serres
où l'on cultive des plantes en pot sur les scènes. Sous ces bancs « plantés », si
l'on prend soin, les champignons peuvent être cultivés en plates-bandes
ouvertes ; en fait, il s'agit du meilleur endroit et des meilleures conditions
pour eux dans une serre.

FIG. 16. LIT DE CHAMPIGNONS CONSTRUIT À PLAT SUR LE SOL.

Dans les étages occupés par des plantes en pots, il faudra prévoir d'éviter les
égouttements des champignonnières, en élevant au-dessus et commodément
en hauteur au-dessus d'eux, une charpente en bois léger, sur laquelle reposent
des cadres en bois léger recouverts de papier huilé, de mousseline huilée. , ou
un tissu protecteur pour les plantes. En fait, trois bandes de bois clairs
passent sur le lit, comme le montre la figure 12 , ou trois cordes de corde ou
de fil robuste posées de la même manière répondront aux petits lits et
serviront de support à la mousseline ou à la plante huilée. tissu de protection.
Le papier de construction est parfois utilisé dans le même but. MJG Gardner
utilise des cadres et des châssis de foyers ordinaires, comme décrit dans un
chapitre précédent. Des volets en bois léger, fabriqués en pin d'un demi-
pouce ou de cinq huitièmes de pouce, peuvent être utilisés dans le même but
et dureront de nombreuses années.

FIG. 17. LIT DE CHAMPIGNONS STRIÉ.

Les plates-bandes situées sous les bancs de la serre peuvent être constituées de la même manière que partout ailleurs ; c'est-à-dire à plat sur le sol et entre deux planches posées sur le chant, comme le montre la figure 16, ou dans les crêtes sous les bancs hauts ou moyens, comme dans la figure 17, ou dans des lits inclinés contre le mur du fond, comme le montre la figure 17. Fig. 18. Généralement, le lit plat est le plus pratique à fabriquer et à entretenir.

FIG. 18. LIT INCLINÉ CONTRE UN MUR.

Dans les serres ouvertes et aérées, il est toujours bon d'enfermer les plates-bandes de champignons dans des caissons et avec des châssis ou des volets, pour éviter les courants d'air et les fluctuations de température et d'humidité atmosphérique. Cela peut facilement être fait en faisant des côtés une planche et demie (quinze pouces) ou deux planches (vingt pouces) de hauteur et en les recouvrant de volets en bois clair, de châssis ou de cadres légers recouverts de mousseline ou de papier. Voir la figure 11.

L'ammoniac apparaît. — L'ammoniac provenant du fumier des champignonnières de la serre peut être nocif pour les autres habitants de la serre. Si le fumier a été bien préparé avant d'être introduit dans la serre, l'ammoniaque qui en résultera ne nuira en rien aux autres plantes ou fleurs qui pourraient se trouver dans la maison ; mais si le fumier est frais, chaud et rêche, c'est le contraire qui se produira. Les plates-bandes dans les serres doivent toujours être constituées de fumier bien préparé au préalable à l'extérieur ou dans un hangar, et dès qu'il est introduit dans la serre, il doit être immédiatement solidement intégré aux plates-bandes. Alors très peu de vapeur s'élèvera des lits ; en fait, il sera imperceptible à la vue ou à l'odorat.

CHAPITRE VI.

Dans des conditions appropriées, nous pouvons cultiver des champignons facilement et en abondance en plein champ, et la plantation du blanc est tout le problème qu'ils nous causeront. À la fin de l'été et pendant les mois d'automne, les champignons apparaissent souvent spontanément et en grande quantité dans nos pâturages ouverts, mais dans leur état naturel, ils constituent une récolte incertaine, car une année ils peuvent se produire en plus grande abondance, et l'année suivante peut-être aucun ne peut le faire. se retrouvent dans les domaines où ils avaient été si nombreux l'année précédente. La raison pour laquelle il en est ainsi n'est pas très claire. L'opinion populaire est qu'après un été sec, les champignons abondent dans les champs, mais qu'après un été humide, ils constituent une récolte très rare ; et l'on en déduit que l'humidité a tué le frai dans le sol. Cela est peut-être vrai dans une certaine mesure, mais comment se fait-il – comme c'est souvent le cas – qu'un bon blanc planté à la main dans les champs au début de l'été produise des champignons vers l'automne, que l'été ait été humide ou sec ? En même temps, il est vrai qu'une période humide qui suit immédiatement la plantation du blanc en tue une grande partie.

En règle générale, les champignons sauvages abondent le plus dans les pâturages riches, anciens, bien drainés et vallonnés, et évitent les endroits secs, sablonneux ou humides, ainsi que le voisinage des arbres et des buissons. En essayant de les cultiver en plein champ, nous devrions nous efforcer de fournir des conditions similaires. La condition essentielle est alors un bon frai, car sans cela nous ne pouvons pas faire pousser de champignons.

Vers la mi-juin, prenez une bêche bien aiguisée dans le pâturage, faites des coupes en forme **de V** ou de **T** dans le gazon d'environ quatre pouces de profondeur et soulevez un côté suffisamment pour permettre l'insertion d'un peu de blanc de deux à trois pouces carrés en dessous. de sorte qu'il soit à environ deux pouces sous la surface, puis tassez le gazon. En coupant et en soulevant le gazon de cette manière, sans le rompre, il risque moins de mourir de sécheresse en été. De cette façon, plantez autant ou peu que vous le souhaitez et à des distances de trois, quatre pieds ou plus. Au cours du mois d'août ou de septembre suivant, les champignons devraient se montrer et continuer à porter pendant plusieurs semaines.

M. Henshaw, de Staten Island, qui a eu beaucoup de succès dans la culture de champignons dans les champs ainsi qu'à l'intérieur, m'écrit ce qui suit : « Vous me demandez de vous donner mon plan de culture de champignons dans les champs pendant l'été. C'est très simple. Vers la fin du mois de juin, ou dès que le temps sec s'installe, nous retirons les vieux massifs de notre champignonnière, et s'il y a du blanc vivant au fond de nos massifs nous le mettons dans une brouette et on le porte au champ, où on le plante dans les lieux ouverts, mais jamais sous les arbres. Lors de la plantation, on lève un gazon et on met une pelletée du fumier contenant le blanc dans le trou, puis on replace le gazon et on l'abat fermement. Nous faisons cela à des distances de douze pieds l'un de l'autre. Si nous n'avons pas de œufs vivants dans nos lits intérieurs, nous prenons le blanc de brique commun et mettons environ un quart de brique dans chaque trou, retournant et battant le gazon comme déjà indiqué. C'est tout ce qu'on fait. S'il y a une période sèche après que le blanc soit mis au pâturage, nous sommes sûrs d'avoir une bonne réserve de champignons à l'automne. »

Il y a quelques années, Carter & Co., semenciers de Londres, envoyait ceci à l'un des périodiques de jardinage : "Le mode suivant de culture de champignons dans les prairies par un de nos clients peut intéresser vos lecteurs : En mars (mai serait bientôt assez ici), il commence à ramasser les déjections des écuries. Celles-ci, lorsqu'elles en ont rassemblé suffisamment, sont emmenées dans le pré, où des trous creusés ici et là d'environ un pied ou dix-huit pouces carrés en sont remplis, la terre enlevée étant dispersée. sur l'herbe environnante. Lorsque tous les trous ont été remplis et rendus solides, il place ensuite deux ou trois morceaux de blanc d'environ un pouce carré dans chaque trou, foule le tout fermement, replace le gazon et le bat fermement sous ce système. en août et en septembre, les champignons apparaissent en abondance et sans aucun soin supplémentaire. La méthode est simple et le résultat certain. C'est pourquoi tous ceux qui possèdent un pré, un enclos ou un champ d'herbe et sont friands de champignons devraient tenter l'expérience. .... Dans le cas en question, de nouveaux trous apparaissaient chaque année."

CHAPITRE VII.

FUMIER POUR CHAMPIGNONS.

Afin de cultiver des champignons avec succès et de manière rentable, il faut un approvisionnement en fumier de cheval frais, et celui-ci doit être le meilleur qui soit fabriqué, soit à la maison, soit acheté dans d'autres écuries. Les questions du fumier et du frai sont les plus importantes que nous ayons à traiter. Très peu de gens produisent leur propre frai, car il est acheté et accepté sur la base de sa beauté, souvent plutôt trompeuse, mais le commerce du fumier est entièrement entre nos mains, et le succès dans ce domaine dépend entièrement de nous-mêmes. On ne peut raisonnablement pas espérer de bons résultats avec un fumier pauvre ou mal préparé. C'est seulement avec le meilleur fumier de cheval préparé de la meilleure façon que l'on peut espérer obtenir les meilleures récoltes des meilleurs champignons.

Fumier de cheval. — Il existe différentes sortes de fumier de cheval, dont la valeur pour les champignonnières diffère sensiblement. Le type de fumier dépend de l'état des chevaux, de la manière dont ils sont hébergés, nourris et couverts, ainsi que de la façon dont le fumier est pris en charge. Mais même si le fumier de tous les animaux en bonne santé est utile pour notre objectif, il existe néanmoins un grand choix de fumier de cheval. Si nous dépendons de l'approvisionnement de notre foyer, nous pouvons utiliser et tirer le meilleur parti de ce que nous avons, mais si nous devons acheter du fumier, nous devons être très attentifs à sélectionner le meilleur type de fumier et n'en accepter aucun autre.

Le meilleur fumier est celui d'animaux forts, sains, durs au travail et bien entretenus, nourris généreusement avec des aliments durs, comme du foin et des céréales de fléole des prés, et recouverts de paille. Et si la litière est bien mouillée d'urine et piétinée sous les pieds des chevaux, tant mieux ; en fait, c'est une des raisons pour lesquelles le fumier des fermes et des écuries des camionneurs est meilleur que celui des établissements élégants, où tout est si scrupuleusement sec et propre.

FIG. 19. VUE EN PERSPECTIVE DE LA CAVE À CHAMPIGNONS DOSORIS.

Plus le fumier est frais, mieux c'est ; un fumier qui n'est pas parfaitement frais peut également être très bon. Le fumier stable peut s'accumuler dans une cave pendant quelques mois tout en restant de première qualité. Une fois la saison des foyers terminée, j'empile notre fumier d'étable en hauteur dans la cour, et de juin à août, à mesure que le fumier est retiré de l'étable chaque jour, il est empilé sur le dessus de cette pile. Mon but est de le garder si sec qu'il ne puisse ni chauffer ni pourrir. En août, le tas est démonté et le meilleur fumier est secoué d'un côté pour les champignons, et la longue paille et les parties pourries sont jetées de l'autre côté. Ce fumier court, humidifié avec de l'eau et jeté en tas, exposé au soleil pendant un jour ou deux, s'échauffera vivement. Les lits illustrés sur la figure 19 ont été constitués de fumier ainsi préparé en août.

Dans le cas d'un fumier bien frais, laissez-le s'accumuler quelques jours, voire quinze jours, jusqu'à ce qu'il y en ait assez pour constituer un lit, puis préparez-le. Soyez très attentif à éviter, dès le début, qu'il s'échauffe violemment ou "brûle" en s'accumulant dans le tas. Les massifs constitués de fumier très frais réagissent rapidement et généreusement. La récolte est abondante au début et continue de produire en grande partie tant qu'elle dure, mais sa durée est généralement plus courte que dans le cas d'un lit composé de moins de fumier frais. Mais dans l'ensemble, cela donne une récolte meilleure et plus lourde qu'un lit qui arrive plus progressivement et dure plus longtemps, et les champignons sont de la meilleure qualité.

Certains producteurs utilisent uniquement les excréments et rejettent toute la partie pailleuse, ou autant qu'ils peuvent facilement les secouer. Cela leur donne un excellent fumier et peut-être le meilleur pour une utilisation à petite échelle ou dans de petits lits. Lorsque les champignons doivent être cultivés dans des caisses, des auges étroites, des demi-barils et autres espaces confinés, il est bon de concentrer le fumier autant que possible : utilisez toutes les fientes et le moins de paille possible. Mais les fientes seules pour les grands massifs nécessiteraient trop de fumier et coûteraient trop cher, et elles ne seraient pas meilleures qu'avec un fumier plus grossier.

Conservez toujours la partie humide et pailleuse du fumier, ainsi que les fientes, et mélangez-les et faites-les fermenter ensemble, et de cette manière non seulement ajouter une grande partie à la masse du tas, mais assurer les bienfaits apportés par l'urine sans réduire, en de toute façon, la force ou les propriétés fermentaires du fumier. Secouez toute la partie grossière, sèche et pailleuse du fumier et mettez-la de côté pour d'autres usages. Celui-ci peut être également utilisé comme litière dans les écuries, pour recouvrir les champignonnières une fois constituées, ou pour les foyers ; s'il est bien mouillé avec des drainages stables, ou même de l'eau claire, il forme un matériau chauffant prêt à l'emploi.

Souvent, lorsque nous manquions de fumier fait maison, j'en achetais ici et là dans différentes écuries du village, je mélangeais le tout et en faisais des lits avec d'excellents résultats. Parfois, lorsque le fumier à préparer était assez vieux et frais, j'y ajoutais un cinquième ou un dixième de fientes fraîches, avec un effet très accéléré de chauffage et un bénéfice apparent pour la récolte.

On pense généralement que le fumier de chevaux entiers est meilleur pour les champignons que celui des autres chevaux, mais aucune preuve positive dans ce sens n'a jamais été observée par moi. Certains hommes pratiques affirment qu'il n'y a aucune différence. M. John G. Gardner, de la ferme Rancocas, qui a eu de nombreuses occasions de tester cette question, me dit qu'il l'a essayé équitablement et qu'il n'a pas pu trouver de différence dans la qualité ou la quantité de champignons cultivés à partir de plates-bandes faites du fumier de chevaux entiers et de ceux élevés dans des lits fabriqués à partir du fumier d'autres animaux également bien nourris. Mais les éleveurs parisiens insistent sur le fait qu'il existe une différence en faveur des chevaux entiers, surtout lorsqu'il s'agit d'animaux de dur labeur comme ceux engagés dans les charrettes lourdes.

Le fumier des chevaux nourris en grande partie avec des carottes est catégoriquement condamné par la plupart des auteurs sur la culture des champignons ; en fait, c'est l'un des *points* abordés dans tous les livres sur les champignons que j'ai lus. Voyons quelques faits pratiques : Il y a chez Dosoris deux lits étagères dans une cave ; chacun mesure trente pieds de long, trois pieds de large et neuf pouces de profondeur, et tous deux portent une récolte très épaisse de champignons. Le matériau de ces lits est constitué de trois parties de fumier de cheval et d'une partie de gazon haché, qui ont été mélangés et fermentés ensemble dès la première préparation. Le fumier a été récupéré des écuries sur place en novembre 1888, les matériaux préparés en décembre, les lits construits le 17 décembre, pondus le 24 décembre, moulés le 31 décembre et les premiers champignons récoltés le 7 février 1889. Ces lits ont bien porté jusqu'à la mi-avril. Les champignons n'étaient pas aussi gros en moyenne que sur les couches plus profondes du sol de la cave, mais ils pesaient environ trois quarts à une once chacun, et un bon nombre étaient plus que cela. Cependant, il arrive le plus souvent que la récolte sur des plates-bandes minces donne en moyenne moins que sur des plates-bandes épaisses, et cela est particulièrement visible après la récolte de la première récolte, quel que soit le type de matière en fermentation présente. déjà utilisé. A l'époque où l'on conservait à l'écurie le fumier utilisé pour ces lits, les chevaux n'étaient que très peu travaillés, et chaque cheval recevait, en plus du foin et de l'avoine et du son, environ un tiers d'un boisseau de carottes par jour. jour. Et c'est le fumier utilisé pour les champignonnières tardives, et pourtant de bonnes récoltes et de bons champignons sont produits. Il ne s'agit pas seulement de l'expérience d'une année de pratique, mais aussi de la routine habituelle de nombreuses personnes.

Peut-être quelqu'un voudrait-il demander : considérez-vous le fumier des chevaux nourris aux carottes comme aussi bon que le fumier des animaux auxquels on n'a pas donné de carottes ou d'autres plantes-racines ? Ma réponse est : décidément non. Même si le fumier des animaux nourris aux carottes n'est pas le meilleur, il est en même temps bon, et celui qui en a beaucoup peut aussi avoir beaucoup de champignons. La dénonciation complète du fumier des chevaux nourris aux carottes, si catégoriquement stéréotypée dans l'esprit et la plume des écrivains horticoles, n'est pas toujours fondée sur des faits.

Fumier de mulets. — On le considère comme le deuxième en valeur à celui des chevaux entiers, et certains éleveurs français vont jusqu'à dire qu'il est tout aussi bon. M. John G. Gardner me parle d'une récolte extraordinaire de champignons qu'il avait eu autrefois et qui a étonné le vétéran Samuel Henshaw, et qu'elle provenait de lits faits de fumier provenant d'écuries de mulets. La récolte de champignons la plus abondante que j'ai jamais vue a certainement eu lieu chez M. Wilbur à South Bethlehem, en Pennsylvanie, il y a quatre ans, et les lits étaient constitués de crottes de mulets propres provenant des mines de charbon. Le fumier de mulet peut être obtenu en quantité dans nos parcs à mulets, qui se trouvent dans presque toutes les grandes villes des États du Centre et du Sud. L'obtenir des mines coûte plus cher que ce qu'il vaut, sauf comme article de fantaisie ; les hommes ne le récupéreront pas et ne le conserveront pas à un prix raisonnable.

Fumier de cave. — De nombreuses écuries ont des caves sous lesquelles sont déposés le fumier et l'urine lors du nettoyage quotidien. Ces caves ne sont généralement pas nettoyées avant qu'une bonne quantité de fumier ne s'y soit accumulée, disons quelques semaines ou quelques mois, ou une récolte hivernale, et il est généralement assez bien humidifié par l'urine. Si ce fumier n'est pas devenu trop sec et "croc de feu" dans la cave, il est excellent pour les champignons. Nous en achetons une grande quantité, mais nous refusons particulièrement les parties très sèches et brûlées à blanc. Quelquefois le fumier des étables, ainsi que celui des écuries, est jeté ensemble dans la cave ; alors je donnerais moins pour le fumier, surtout si le fumier de vache dominait, parce que dans le travail il reste trop froid, humide et pâteux ; mais s'il n'y a pas assez de fumier de vache pour donner à la masse un caractère pâteux, elle constituera de capitales champignonnières. Les porcs ont souvent la liberté de s'occuper de la cave à fumier, comme c'est généralement le cas dans les cours de ferme. Je n'utiliserais aucune partie de ce fumier de porc mélangé. Le mycélium échappe au fumier de porc ; en outre, il est impur et malodorant, et constitue un lit de propagation pour les insectes nuisibles. Peu importe le type de litière utilisée, dans le cas du fumier de cave, mais je ne l'achèterais pas si de la sciure de bois ou du foin salé avaient été utilisés comme litière. Aucun de ces matériaux, en quantité limitée, n'est délétère pour les champignons ; en même temps, ils sont bien moins désirables que la paille, le foin des champs, la tourbe allemande ou les tiges de maïs, et la culture des champignons comporte suffisamment de risques sans en courtiser aucun que nous pourrions tout aussi bien éviter.

Fumier d'écurie de ville. — Autour de New York, on peut toujours en obtenir en n'importe quelle quantité à un prix raisonnable, et c'est un fumier de premier ordre pour les champignonnières. Les maraîchers transportent un chargement de légumes au marché et rapportent un chargement de fumier ; d'autres peuvent acheter et transporter du fumier domestique de la même manière, ou prendre des dispositions avec un camionneur pour qu'il le fasse à leur place. Mais toute la question du fumier de ville est maintenant si adroitement traitée par des agents, qui en font un commerce spécial, que nous pouvons obtenir n'importe quelle quantité de fumier, depuis une balle de 500 livres jusqu'à un nombre illimité de charges, et de presque n'importe quelle qualité. livrés de près ou de loin, dans les terres ou sur les côtes, à un prix assez modéré. C'est le fumier d'écurie de ville que presque tous nos grands producteurs maraîchers utilisent pour leurs champignonnières. Lorsqu'ils le récupèrent aux écuries et le transportent eux-mêmes chez eux, ils savent ce qu'ils manipulent et ne devraient prendre que du crottin de cheval frais. Lorsque vous commandez un agent, assurez-vous d'obtenir le fumier de cheval le plus frais et le plus pur. Ils l'obtiendront pour vous. Nous recevons chaque année plusieurs centaines de chargements de ce fumier sélectionné pour les serres et nous le trouvons excellent. Nous recevons également 1 000 à 2 000 charges de fumier d'écurie commun de New York par an pour nos cultures générales en plein air, et c'est également un fumier capital à sa manière, mais pas aussi bon que le fumier sélectionné pour les champignons. Il est un peu mélangé et sent très mauvais, et dans les champignonnières, il produit généralement une grande quantité de champignons parasites. La plupart de nos plus grands producteurs de champignons, Van Siclen de la Jamaïque, Denton de Woodhaven, Connard de Hoboken et d'autres, vivent à une distance facile de la ville et sont en mesure de sélectionner et d'obtenir le fumier le plus raffiné à un prix très bon marché.

Fumier en balles. — En un an ou deux, une grande partie de notre fumier de chevaux de ville a été mise en balles et ainsi expédiée et vendue. Chaque balle contient de 350 à près de 500 livres et est constituée, pressée et liée à peu près de la même manière que le foin en balle. Les principaux avantages des balles sont les suivants : seul le fumier de cheval le plus propre est ainsi mis en place ; le fumier de vache, les abats, le houblon épuisé ou autres fumiers courts ou mous ne sont pas inclus dans les balles et, pour des raisons de transport, les fumiers malodorants de toute sorte ne sont pas autorisés dans ces balles. Les chemins de fer permettent de déposer le fumier en balles sur leurs quais et plus près de leurs gares qu'ils ne permettraient le fumier en vrac ; et il arrive souvent qu'un agent envoie un wagon entier à une gare ferroviaire et l'y déverse, afin que les gens du voisinage qui n'ont que de petits terrains de jardinage puissent avoir la possibilité d'acheter une ou plusieurs balles, au fur et à mesure de leurs besoins, et sans problème. , comme c'est généralement le cas, devoir acheter une charge entière alors qu'ils n'ont besoin que d'une demi-charge. Ces bottes sont une véritable aubaine pour les personnes qui souhaiteraient avoir un petit lit de champignons dans leur cave et qui n'ont pas d'autre fumier. Ramenez à la maison une ou plusieurs bottes, ouvrez-les, étalez un peu le fumier, et quand il chauffe, retournez-le plusieurs fois, et il sera bientôt prêt à l'emploi. Ou si vous ne souhaitez pas encombrer l'endroit, roulez les bottes dans la cave, le hangar ou partout où vous souhaitez les utiliser, et mélangez environ un quart de leur masse de terreau avec le fumier et complétez le tout. lit immédiatement.

Le Conseil de Santé de la ville de New York est très catégorique dans ses efforts pour débarrasser la ville de toute accumulation de fumier et, il y a un an, il a envisagé un plan visant à obliger les agents du fumier, pour des raisons sanitaires, à mettre en balles le fumier des étables. Et c'est peut-être la raison pour laquelle il est si facile de s'en procurer, à savoir : Un gentleman de New York, désireux de se lancer dans la culture des champignons, m'écrit : « Je reçois mon fumier de la ville en bottes. Tout ce qu'il me coûte, c'est le fret jusqu'à chez moi à White Plains. Chanceux monsieur ! Avec n'importe quelle quantité du meilleur fumier d'écurie offert gratuitement, il n'est pas étonnant qu'il souhaite embarquer dans le bateau champignon.

Fumier de vache. — On l'utilise parfois avec le fumier de cheval pour former les matériaux d'un parterre de champignons, et plusieurs auteurs européens préconisent avec insistance son utilisation. Mais je l'ai essayé à maintes reprises et de diverses manières, et je suis convaincu qu'il n'a aucun avantage sur le fumier de cheval ordinaire, si toutefois il est aussi bon. Les maraîchers de ce pays ne l'utilisent pas.

On dit que le meilleur type de fumier de vache est les copeaux secs récoltés dans les pâturages ouverts ; ceux-ci sont ramenés à la maison, hachés finement et mélangés avec du fumier de cheval. Le temps et les dépenses engagés pour collecter et hacher ces « chips » dépassent complètement tous les avantages qui pourraient en découler, aussi souhaitables soient-ils. Le deuxième meilleur type de fumier de vache est celui du bétail nourri en stabulation, auquel on donne uniquement de la nourriture sèche, comme du foin et des céréales. Ceci est rarement disponible sauf en hiver, et n'est alors disponible que pour les lits à ressorts. C'est ce que j'ai utilisé librement. Un tiers à deux tiers du fumier sec de cheval se travaille très bien, se réchauffe modérément, conserve longtemps sa chaleur, ainsi que son humidité, sans aucune tendance au caractère pâteux ; le mycélium le traverse magnifiquement et il porte de beaux champignons. Pourtant, ce n'est pas mieux que du fumier de cheval ordinaire. Le type de fumier de vache le plus pauvre est le fumier frais de bovins nourris avec de l'herbe verte, de l'ensilage et des plantes-racines ; en effet, un tel fumier ne peut être utilisé seul ; il faut qu'il soit mélangé librement avec quelque absorbant, comme du terreau sec, de la mousse germanique, du crottin de cheval sec, etc., et même alors, je n'ai absolument pas réussi à en percevoir les avantages ; c'est une masse sale à travailler, et bien froide.

Cependant, dans la fabrication du blanc, le fumier de vache est un ingrédient indispensable, et là encore, le fumier des animaux nourris à sec est meilleur que celui de ceux nourris avec des aliments verts et autres aliments mous. Mais ma principale objection à l'utilisation du fumier de vache dans les champignonnières est qu'il s'agit d'un lieu de reproduction et d'alimentation privilégié pour une multitude d'insectes, de larves et de vers de terre pernicieux, créatures que nous ferions mieux de repousser plutôt que d'encourager. des champignonnières.

Fumier stable à base de tourbe allemande pour plates-bandes de champignons. — Bien que je n'aie pas encore eu l'occasion d'essayer ce matériau pour les champignonnières, M. Gardner, de Jobstown, y a une grande confiance ; il en va de même pour ce prince des cultivateurs de champignons anglais, Richard Gilbert, de Burghley, qui raconte dans les journaux de jardins anglais son succès dans la culture de champignons. Cette mousse de tourbe est une chose relativement nouvelle dans ce pays et est utilisée à la place de la paille pour la litière des chevaux. C'est un excellent absorbant qui absorbe une grande partie de l'urine qui, si de la paille était utilisée à la place, serait susceptible de s'écouler dans les égouts. C'est à cela que l'on attribue sa grande vertu dans la culture des champignons. Il doit être mélangé avec du terreau lorsqu'il est utilisé pour les champignonnières.

FIG. 20. BALLE DE MOUSSE DE TOURBE ALLEMANDE.

Fumier stable à la sciure de bois pour les plates-bandes de champignons. — C'est le fumier obtenu des écuries où la sciure a été utilisée comme litière pour les chevaux. C'est un bon absorbant et retient une grande partie des mouillages stables. Un tel fumier fermente bien, se transforme bien en lits, le mycélium y coule bien et de bons champignons en sont produits. Mais si je pouvais obtenir un autre fumier d'assez bonne qualité, je ne l'utiliserais pas. Je me souviens de l'avoir vu chez M. Henshaw il y a quelques années. Il avait acheté une certaine quantité de fumier d'écurie frais dans les chantiers charbonniers de Brighton, où la sciure de bois avait été utilisée pour la litière des chevaux, et il l'utilisait pour ses champignonnières. J'y suis retourné quelques mois plus tard pour voir le lit en état, mais ce ne fut pas une réussite. Dans le même temps, certains producteurs européens enregistrent un grand succès avec le fumier d'écurie à base de sciure. George Bolas, Hopton, Wirkeworth, Angleterre, a envoyé des spécimens de champignons qu'il cultivait sur des lits de fumier de sciure au rédacteur en chef du *Garden* , qui les a déclarés « excellents à tous points de vue ». M. Bolas raconte : « Pour faire le lit, j'ai mélangé environ un tiers de terre brûlée avec de la sciure, du sable et des crottes. Les champignons ont mis plus de temps à lever que d'habitude, le lit étant dans un hangar fermé, sans aucune chaleur. peu importe. Ils ont cependant largement dépassé mes attentes.

Richard Gilbert, de Burghley, écrivit également au *Garden* , le 25 avril 1885 : « Il n'y a rien de nouveau dans la culture des champignons dans la sciure de bois. Je le fais ici depuis des années, c'est-à-dire après qu'il ait servi de lit. "

Feuilles d'arbre. —Les feuilles des arbres forestiers sont souvent utilisées pour les champignonnières, parfois seules, à la place du fumier, mais le plus souvent mélangées avec du fumier de cheval pour augmenter la masse de matière en fermentation. Les feuilles de chêne sont les meilleures ; les feuilles qui pourrissent vite, comme celles du châtaignier, de l'érable ou du tilleul, ne sont pas aussi bonnes, et celles des conifères ne sont d'aucune utilité. Comme les feuilles doivent être en état de chauffer facilement, elles doivent être fraîches ; ceux-ci sont facilement sécurisés avant l'arrivée de l'hiver, mais au printemps, après avoir passé sous la neige et la pluie de l'hiver, leur « vitalité » a pratiquement disparu. Mais nous pouvons conserver une grande quantité de feuilles sèches à l'automne et les empiler là où elles resteront sèches jusqu'à leur utilisation. Au besoin, nous pouvons préparer une partie de ce tas en mouillant les feuilles, en les transportant à l'abri dans un hangar chaud orienté au sud, et en aidant autrement à la fermentation comme si nous nous préparions pour un foyer. Alors qu'humidifier les feuilles avec de l'eau propre induira une bonne fermentation, les mouiller avec le liquide des réservoirs d'urine des écuries provoquera une chaleur vive et, pour les champignons, produira des conditions plus agréables.

Les plates-bandes de champignons composées en tout ou en partie de feuilles d'arbres en fermentation devraient être beaucoup plus profondes que ce qui serait nécessaire si l'on utilisait uniquement du fumier de cheval ; pour la moitié des feuilles et la moitié du fumier, disons quinze pouces de profondeur ; pour toutes les feuilles, disons vingt à trente pouces de profondeur.

Bien que le frai des champignons circule librement dans les plates-bandes et que nous puissions en tirer de bons champignons, mon expérience m'a convaincu que nous n'obtenons pas de récoltes aussi belles de ces plates-bandes ni aucune modification de celles-ci que des lits de fumier d'écurie ordinaires. Il n'y a rien d'étonnant à cela, étant donné que le champignon sauvage ne se trouve pratiquement jamais à proximité des arbres ou là où se trouvent les dépôts de moisissures des feuilles.

Houblon dépensé. — Nous pouvons en faire bon usage d'une manière. Si nous manquons de bons matériaux pour un parterre de champignons, nous pouvons d'abord constituer les parterres de huit ou dix pouces de profondeur avec du houblon fermenté, et au-dessus de cela, déposer une couche de quatre ou cinq pouces de fumier de cheval, ou de ceci et de limon mélangé. Le houblon conservera la chaleur et le fumier offrira un foyer agréable aux œufs de champignons. Mais il ne faut jamais utiliser le houblon épuisé seul, ni trop près de la surface des lits pour que le frai doive le traverser.

Le houblon usé peut être obtenu gratuitement, et nos brasseurs urbains paient même une prime aux agents de fumier pour qu'ils reprennent le houblon.

CHAPITRE VIII.

PRÉPARATION DU FUMIER.

Obtenez du fumier de cheval frais d'aussi bonne qualité que possible, et en quantité suffisante pour la quantité de lit ou de lits que vous souhaitez faire. Ensuite, mettez-le dans un état approprié pour en faire des lits. Cela peut être fait à l'extérieur ou sous le couvert d'un hangar, mais de préférence dans le hangar. À l'extérieur, le fumier est soumis à l'influence desséchante du soleil et du vent, et il est également susceptible d'être trop mouillé par la pluie, mais à l'abri, nous avons le plein contrôle de son état. Tout le fumier des massifs entre juillet et fin octobre est préparé en plein air sur un terrain sec, mais ce qui est utilisé après le premier novembre, tout au long de l'hiver, est manipulé dans un hangar ouvert au sud. Pendant les mois d'automne, nous nous entendons très bien dehors ; après chaque retournement, recouvrez le tas de litière pailleuse pour le protéger des influences desséchantes du soleil et du vent. Retirez cette couverture lors du prochain retournement et posez dessus des volets en bois clair pour vous protéger de la pluie. En hiver, dans le hangar, le fumier est protégé de la pluie et de la neige et nous pouvons toujours le travailler confortablement ; lorsque le hangar est ouvert au sud - comme le sont souvent les hangars à chariots et à bois - nous bénéficions du chaud soleil de la journée pour démarrer la fermentation du fumier, mais en cas de temps maussade et froid, recouvrons le tas bien douillettement avec de la paille et des volets pour y faire chauffer la pièce. Dans l'ensemble, un hangar chaleureux et fermé serait préférable.

Il arrive rarement qu'on puisse obtenir tout le fumier qu'on veut en même temps ; il s'accumule par degrés. C'est le cas du maraîcher qui utilise plusieurs tonnes et les ramène chez lui depuis les écuries de la ville petit à petit ; également chez le cultivateur privé, qui n'utilise que quelques boisseaux ou une demi-corde et les fait accumuler pendant des jours ou des semaines dans sa propre écurie. Au fur et à mesure que le fumier s'accumule, jetez-le en tas, avec la paille et tout, mais pas en un tas si gros qu'il chaufferait violemment ; et observez particulièrement qu'il ne doit pas « brûler » ou « brûler » dans le tas. S'il montre une tendance à le faire, retournez-le sans serrer, arrosez-le abondamment avec de l'eau, étalez-le un peu et après quelques heures, ou lorsqu'il a bien refroidi, jetez-le à nouveau en tas et piétinez-le. fermement pour le garder humide et éviter de chauffer à la hâte.

Lorsqu'une quantité suffisante de fumier s'est accumulée pour un lit, préparez-le de la manière suivante : retournez-le, secouez-le légèrement et mélangez bien le tout. Jetez la partie sèche et pailleuse, ainsi que tout fumier blanc "brûlé" qui pourrait s'y trouver, ainsi que toutes les matières étrangères, comme des bâtons, des pierres, des vieilles boîtes de conserve, des os, des lanières de cuir, des chiffons, des débris de fer ou tout autre déchet comme on en trouve habituellement dans les tas de fumier, mais on ne jette pas la paille mouillée ; en effet, il faut viser à conserver toute la paille qui a été bien mouillée dans l'écurie. Si le fumier est trop sec, n'hésitez pas à l'arroser abondamment avec de l'eau, et il faudra beaucoup d' eau pour bien humidifier un tas de fumier sec. Ensuite, jetez-le en un tas oblong et compact d'environ trois ou quatre pieds de haut et piétinez-le un peu. Ceci afin d'éviter un échauffement et une « brûlure » précipités et violents, car le fumier fermement tassé ne chauffe pas aussi facilement et ne blanchit pas aussi rapidement qu'un tas mal assemblé. Laissez-le tranquille jusqu'à ce que la fermentation ait commencé vivement, ce qui peut prendre deux ou trois jours au début de l'automne, ou en hiver, six à dix jours, puis retournez-le à nouveau, en le secouant soigneusement et sans serrer et en gardant maintenant ce qui était à l'extérieur auparavant à l'intérieur. , et ce qui était à l'intérieur avant vers l'extérieur maintenant ; et s'il y a des parties trop sèches, humidifiez-les au fur et à mesure. Coupez le tas pour lui donner la même forme qu'auparavant et foulez-le à nouveau fermement. Ce compactage du pieu à chaque tour réduit le nombre de tours nécessaires. Lorsque le fumier chaud est retourné et jeté en tas, il retrouve sa grande chaleur si rapidement qu'il faudra le retourner dans les vingt-quatre heures, afin de l'empêcher de brûler, et tous les hommes pratiques savent qu'à chaque retournement, de l'ammoniac est gaspillé. ,—l'aliment le plus puissant du champignon. Il faut donc s'efforcer de se contenter du moins de détours possible ; en même temps, ne laissez jamais brûler aucune partie du fumier, même si nous devons retourner le tas tous les jours. Ces retournements doivent être continués jusqu'à ce que le fumier ait perdu sa tendance à s'échauffer violemment et que son odeur chaude et âcre ait disparu, généralement au bout de trois semaines environ. Si le fumier, ou une partie de celui-ci, est trop sec à un moment donné, la partie sèche doit être aspergée d'eau et conservée au milieu du tas. L'eau claire est généralement utilisée pour humidifier le fumier, mais j'utilise parfois du liquide provenant des réservoirs de l'écurie, qui non seulement répond à l'objectif de mouiller les matières sèches, mais constitue également un puissant stimulant et un ajout bienvenu au fumier. Mais la plus grande vigilance doit être observée pour éviter de trop humidifier le fumier ; Il vaut mieux échouer du côté de la sécheresse que du côté de l'humidité.

Si le fumier est trop humide au départ, il doit être étalé en une couche fine et lâche et exposé au soleil et au vent, si possible, pour sécher. Le séchage par exposition de cette manière n'est pas aussi énervant que le "brûlage" dans un tas chaud, et il est préférable de recourir à n'importe quelle méthode de séchage du fumier plutôt que de l'utiliser humide. Si, en raison des conditions météorologiques ou du manque de commodité pour le séchage, le fumier ne peut pas être suffisamment séché, ajoutez de la terreau sec, du sable sec, des feuilles sèches à moitié pourries, de la mousse de tourbe sèche, de la balle sèche ou du foin ou de la paille secs finement coupés. et mélanger.

Le bon état du fumier, en ce qui concerne la sécheresse ou l'humidité, peut être facilement connu en le manipulant. Prenez une poignée de fumier et pressez-la bien ; il doit être suffisamment onctueux pour tenir en un morceau et si sec que vous ne puissiez pas en extraire une goutte d'eau.

Certains jardiniers privés en Angleterre mettent un accent particulier sur la collecte quotidienne des fientes fraîches dans les écuries et sur leur étalement sur le sol d'un hangar ou d'une grange pour les faire sécher, et ainsi les garder au sec et les empêcher de chauffer jusqu'à ce qu'il y en ait assez pour un lit. lorsque le lit est constitué entièrement de ce matériau, ou d'une partie de celui-ci et d'une partie de limon. Mais les maraîchers, ceux dont le pain et le beurre dépendent de leurs récoltes, ne pratiquent jamais cette méthode, et le patriarche du métier, Richard Gilbert, dénonce sans relâche cette pratique.

Différents producteurs ont des idées différentes sur la préparation du fumier pour les champignonnières, mais le but principal est de le mettre dans le meilleur état possible avec le moins de travail et de dépenses, et de se garder de le priver de plus d'ammoniac que ce qui est possible. Voir la méthode de préparation du fumier de M. Gardner, <u>p. 22.</u>

Terreau et fumier mélangés. — Les parterres de champignons sont souvent formés de terreau et de fumier mélangés ensemble, disons qu'un tiers ou un quart du tout est du terreau, et les deux tiers ou trois quarts restants sont du fumier ; si une plus grande proportion de terreau est utilisée, les lits seront plutôt froids, à moins qu'ils ne soient inhabituellement profonds. Je ne suis pas prêt à affirmer ou à nier que ce mélange présente des avantages par rapport au fumier ordinaire ; Je l'utilise considérablement chaque année et avec de bons résultats ; en même temps, j'obtiens d'aussi bonnes récoltes sur les lits de fumier ordinaire. Mais elle a de nombreux amis chaleureux qui sont d'excellents producteurs.

Pour préparer ce mélange, j'utilise du gazon frais, bien haché, et je l'ajoute au fumier de cette manière : Sélectionnez d'abord le fumier et jetez-le en tas pour qu'il fermente, comme expliqué précédemment ; puis, après le premier retournement, recouvrez le tas d'une couche de ce terreau d'environ trois ou quatre pouces d'épaisseur, assez pour arrêter la vapeur ; au prochain retournement, mélangez cette enveloppe de terreau avec le fumier, et lorsque le tas est équarri, ajoutez une autre couche de terreau de même épaisseur de la même manière que précédemment, et ainsi de suite à chaque tour jusqu'à ce que toute la masse soit propre à l'usage. , et la totalité du limon, disons un quart de la masse totale, a été ajoutée. De cette manière, une grande partie de l'ammoniac qui autrement s'évaporerait du fumier est arrêtée et retenue.

Certains producteurs, lorsqu'ils secouent pour la première fois leur fumier frais, y ajoutent immédiatement tout le mélange de terreau et les mélangent. D'autres encore, M. Denton, de Woodhaven, par exemple, préparent le fumier de la manière ordinaire et, lorsqu'ils sont prêts à l'emploi, ajoutent la part de terreau. J'utilise un bon terreau de gazon pour deux raisons, à savoir parce que c'est le meilleur qui puisse être utilisé à cet effet et, aussi, après avoir été utilisé dans les plates-bandes de champignons, c'est un matériau capital et en bon état pour une utilisation en empotage. plantes à bois tendre. Mais le terreau couramment utilisé pour être mélangé au fumier est le sol ordinaire des champs. Si le terreau est habituellement humide au départ, ainsi que le fumier, il y a très peu de chances que l'un des matériaux devienne trop sec pendant la préparation. Et beaucoup moins de préparation est nécessaire, car la présence du terreau diminue considérablement la probabilité d'une fermentation précipitée et violente.

M. Withington, de South Amboy, dans le New Jersey, utilise plutôt une petite quantité de terreau dans son fumier. Il m'écrit : « Cette année, nous avons fait nos lits avec une proportion de terreau dans le fumier, disons une partie de terreau pour huit parties de fumier, mais nous avons toujours utilisé du fumier clair jusqu'à présent, et je pense que les lits durent plus longtemps que lorsqu'ils ne contenaient que du fumier. est utilisé."

CHAPITRE IX.

CONSTITUTION DES LITS DE CHAMPIGNONS.

L'endroit dans la cave, le hangar, la maison ou ailleurs où nous avons l'intention de cultiver les champignons doit être prêt dès que le fumier a été bien préparé et est en bon état pour son utilisation. Le ou les lits doivent être faits immédiatement. L'épaisseur des lits dépend dans une large mesure de circonstances telles que la qualité du fumier, s'il s'agit de fumier de cheval ordinaire ou de fumier et de limon mélangés, ou si les lits doivent être faits dans des bâtiments chauffés ou non. et au sol ou sur des étagères. Les lits au sol ont généralement une profondeur de neuf à quinze pouces ; environ neuf pouces dans le cas du fumier seul, dans des locaux chauds, et de dix à quatorze pouces lorsque le fumier et l'argile sont utilisés. Dans les maisons fraîches, les lits sont plus profonds de quelques centimètres afin de maintenir une chaleur douce et constante pendant une longue période. Les lits peuvent être plats, ou striés, ou comme un talus arrondi contre le mur ; mais la forme plate est la plus courante et la plus pratique là où des étagères sont également utilisées dans le même bâtiment. Les lits de plateau ont généralement une profondeur de neuf pouces; c'est-à-dire la profondeur d'une planche.

Lors de la confection des massifs, apportez le fumier, secouez-le légèrement et répartissez-le uniformément sur le massif, en le frappant fermement avec le dos de la fourchette au fur et à mesure, et continuez ainsi jusqu'à atteindre la profondeur désirée. S'il s'agit d'un lit au sol et qu'il n'y a aucun obstacle, comme une étagère au-dessus, foulez le fumier fermement et uniformément ; si le fumier est assez sec et en bon état, il sera assez ferme et encore élastique, mais s'il est trop humide et mal préparé, le foulage le tassera comme du fumier pourri et humide.

Percez maintenant un trou dans le lit et insérez un thermomètre. Il existe des thermomètres « au sol » ou « à chaleur de fond », comme les appellent les jardiniers, à cet effet, mais n'importe quel thermomètre courant fera assez bien l'affaire ; et après deux ou trois jours, examinez quotidiennement ce thermomètre pour voir quelle est la température du fumier dans le lit. Dans les structures spacieuses ou aérées ou là où seul un petit lit a été fait, il peut entre-temps être laissé dans cet état. Mais dans une cave étanche, je constate que l'humidité chaude provenant du lit se condense dans l'atmosphère et se dépose sur le fumier, le rendant parfaitement humide. Pour éviter cela, dès que le lit est fait, j'y étends légèrement de la paille ou du foin ; l'humidité se dépose sur le revêtement et ne parvient pas jusqu'au fumier. Méfiez-vous des couvertures excessives, car elles provoquent une surchauffe à l'intérieur du lit. Au moment du frai, retirez cette couverture. Le lit sera alors devenu si frais (80° ou 90°) qu'il y aura très peu d'évaporation, donc peu de risque de mouillage en surface.

La bonne température. — Ceci, dans les champignonnières, dépend des matériaux dont ils sont composés, de leur épaisseur, de la façon dont ils sont construits, de la situation dans laquelle ils se trouvent et d'autres circonstances. Si le fumier était bon et frais au départ, soigneusement préparé et utilisé aussitôt prêt, le lit en quelques jours se réchauffera à 125°, ou un peu plus ou moins, et c'est très bien. Mes meilleurs lits ont toujours montré une chaleur maximale comprise entre 120° et 125°. Si le fumier avait été utilisé quelques jours trop tôt, la chaleur augmenterait encore, peut-être jusqu'à 135°, mais c'est trop chaud ; dans ce cas, je creuserais la surface du lit à quelques centimètres de profondeur pour laisser la chaleur s'échapper, et après quelques jours, je compacterais à nouveau le lit. Percer des trous sur toute la surface des lits avec un pied-de-biche est le moyen courant de réduire une température trop élevée, et lorsque la chaleur s'est suffisamment calmée, remplissez ces trous avec de l'argile sèche finement pulvérisée. Avec du terreau, nous pouvons parfaitement les remplir, mais nous ne pouvons pas le faire avec du fumier, et si on les laisse ouverts, ils restent sous forme de trous de sudation humides qui sont très nuisibles à la propagation du frai.

Une température trop élevée dans les plates-bandes doit être soigneusement évitée, car elle gaspille la substance du fumier, assèche l'intérieur du lit et la récolte de champignons doit nécessairement être affamée et courte.

Pourvu que le fumier soit frais, bon et bien préparé, si les planches, après avoir été constituées, n'indiquent pas plus de 100° ou 110°, il n'y a pas lieu de s'alarmer, car d'excellentes récoltes seront probablement produites par ces planches. Plus les lits sont épais, plus la chaleur y augmentera probablement. Les lits solidement construits se réchauffent plus lentement que ceux de construction lâche et conservent leur chaleur plus longtemps. Si les matériaux sont assez froids lorsqu'ils sont solidement intégrés dans les lits, ils ne risquent pas de devenir très chauds par la suite. Mais j'aime toujours constituer les lits avec du fumier moyennement chaud.

Il arrive quelquefois que les circonstances empêchent la confection des planches dès que le fumier est en parfait état, et même après la confection, la chaleur ne dépasse pas 75° ou 80°. Dans un tel cas, si le fumier est par ailleurs en bon état et frais, il est suffisamment bon et on peut s'attendre à une bonne récolte. Mais si le fumier, au début, avait été un peu rassis, pourri et inerte, je n'hésiterais certainement pas à démolir immédiatement le lit, à y ajouter du crottin de cheval frais, à bien mélanger, puis à reconstituer. Ou encore, une bonne chaleur peut être déclenchée dans un lit aussi vicié en l'aspergeant assez librement avec de l'urine de basse-cour, puis en enfonçant la surface sur deux ou trois pouces de profondeur et en la compactant ensuite légèrement avec le dos de la fourchette. Étalez une couche de foin, de paille ou de litière pailleuse sur quelques centimètres de profondeur sur le lit jusqu'à ce que la chaleur augmente. Si le fumier a été suffisamment humide, il ne faut pas recourir à cet aspersion, mais ajouter à la place des fientes fraîches. Cependant, lors de son application, il convient de faire très attention à éviter une surchauffe ; une diminution ou une élimination complète de la couverture pailleuse, puis un compactage ferme de la surface du lit réduiront la température. Un peu de salpêtre ou de nitrate de soude, une once à trois gallons de liquide, favorisera la propagation du mycélium après l'insertion du frai ; une solution beaucoup plus forte de ces sels peut maintenant être utilisée qu'il serait sécuritaire d'appliquer une fois que le mycélium a coulé dans le lit.

Lorsque l'argile et le fumier sont mélangés pour constituer les matériaux dont le lit est fait, la température ne risque pas de monter aussi haut que lorsque le fumier seul est utilisé, mais cela n'a pas d'importance tant que les matériaux dont le lit est composé sont doux et doux. frais et pas trop humide. Mais si les matériaux sont froids et rassis, traiter comme recommandé pour un lit à fumier, en gardant toujours à l'esprit qu'il vaut mieux avoir un lit froid et assez sec qu'un lit humide, voire chaud et mouillé.

M. Withington, de South Amboy, a un bon mot à dire pour les lits à basse température. Il m'écrit : "Nos lits ont gardé une bonne production pendant deux mois, bien qu'ils aient supporté de manière décousue un mois de plus. Notre meilleur lit cette saison était celui qui était maintenu à une température uniforme. Le fumier n'a jamais dépassé 75° lorsqu'il était fait. et a diminué jusqu'à environ 60° peu après le frai. J'ai gardé la maison à 55°."

CHAPITRE X.

FRAGE DE CHAMPIGNONS.

Qu'est-ce que le champignon ? Est-ce une graine ou une racine ? Est-ce que vous le plantez ou le semez, ou comment le préparez-vous ? sont quelques-unes des questions qui me sont posées de temps en temps. Pour le grand public, il semble y avoir un grand mystère autour de cette question du frai ; en fait, cela semble être la principale énigme liée à la culture des champignons. La vérité est qu'il n'y a aucun mystère à ce sujet. Ce que les cultivateurs de champignons appellent spawn, les botanistes appellent mycélium.

Le blanc est la véritable plante champignon et imprègne le sol, le fumier ou tout autre matériau dans lequel il peut pousser ; et ce que nous appelons champignons est le fruit de la plante champignon. Le frai est représenté par un délicat réseau de fils blanchâtres ressemblant à de la moisissure qui traversent le sol ou le fumier. Dans des circonstances favorables, il croît et se propage rapidement et, avec le temps, produit des fruits, ou champignons, comme nous les appelons. Les champignons portent des myriades de spores analogues aux graines, et ces spores se diffusent dans l'atmosphère et tombent sur le sol. Il est raisonnable de supposer qu'ils sont à l'origine du blanc qui produit les champignons naturels des champs, ainsi que du blanc que l'on trouve dans les tas de fumier. Mais nous n'avons jamais été capables de produire artificiellement du frai à partir de spores, ou en d'autres termes, les champignons n'ont jamais été cultivés par l'homme, pour autant que je puisse trouver des documents authentiques, à partir de « graines ». Alors, comment obtenons-nous le frai ? Par propagation par division. Nous prenons le champignon ou le blanc, comme nous l'appelons, et le divisons en morceaux, et plantons ces morceaux séparément dans un lit préparé de fumier ou d'autre matériau, dans des conditions favorables à leur croissance, et nous constatons que ces morceaux de blanc se transforment en plantes vigoureuses qui portent des fruits (champignons) environ deux mois après la plantation. Lorsque le frai a produit toute sa récolte de fruits, il meurt.

Eh bien, si nous ne pouvons pas produire de blanc à partir de spores, et que le blanc dans les plates-bandes qui ont porté des champignons a disparu, comment allons-nous obtenir du blanc pour nos futures récoltes ? est une question qui peut se poser aux inexpérimentés. En le sécurisant lorsqu'il est dans son état le plus vigoureux, c'est-à-dire avant qu'il ne commence à montrer des signes de formation de champignons, en le séchant et en le gardant au sec jusqu'à son utilisation. Mais pour sécuriser le frai, il faut prendre et garder avec lui le fumier auquel il adhère ou dans lequel il se répand. De cette manière, il peut être conservé en bon état pendant plusieurs années et sans que sa vitalité ne soit sensiblement altérée. Le garder au sec ne fait que suspendre sa croissance ; dès qu'il est à nouveau soumis à des conditions favorables d'humidité et de chaleur, son activité originelle revient.

Le blanc de champignon peut être obtenu dans n'importe quel magasin de semences. Nos semenciers le gardent toujours en stock, aussi bien en brique (anglais) qu'en flocons (français). Il est vendu au détail en quantités d'une livre ou plus, et comme l'article est parfaitement sec, il peut être facilement envoyé par courrier en petites quantités.

Les semenciers l'importent chaque année d'Europe avec leurs graines. Un éminent semencier de Boston m'écrit : « Nous nous approvisionnons auprès des grossistes de semences de Londres, pour des raisons de commodité et de fret maritime moins cher, etc. Venir avec une expédition d'autres marchandises et sur le même connaissement réduit les frais de transport. le bas prix auquel les blancs de champignons sont vendus en grande quantité ne peut être maintenu qu'avec de faibles taux de fret, car il existe ici un droit de 20 % sur l'article.

FIG. 21. APPARITION DE BRIQUES.

En interrogeant directement les principaux importateurs de différentes villes, je découvre que nous importons environ 4 500 livres de blanc français ou en flocons, et 4 000 boisseaux, ou 64 000 livres de blanc anglais ou en brique, et qu'une bonne moitié de cette importation totale est gérée par le semenciers de la ville de New York. A New-York, une seule entreprise, spécialisée dans l'approvisionnement des maraîchers, a importé en un an 1,500 boisseaux de blanc de brique. Mais les environs de New York constituent le grand centre de culture des champignons du pays, ainsi que le meilleur marché pour les champignons du pays. Un jardinier de la Jamaïque, LI, a acheté 1 000 livres de blanc de brique à un moment donné, et un de ses voisins en a acheté 400 livres ; cela montre ce dont ont besoin une grande quantité de frai chez les maraîchers. Et la demande cette année est sans précédent ; certains de nos principaux importateurs avaient épuisé leurs stocks avant le premier novembre. Et ce ne sont pas tant les producteurs privés que les producteurs marchands qui en sont la cause ; les commerçants découvrent qu'il y a de l'argent dans la culture des champignons et ils s'y lancent.

Le frai se présente sous forme de briques de fumier sec, dur et solide, ainsi que sous forme de flocons de fumier pailleux à moitié pourri. Ces briques et flocons sont entièrement imprégnés du mycélium du champignon.

Le blanc de brique est communément connu sous le nom de blanc anglais, et ce qui est importé dans ce pays est fabriqué en Angleterre, principalement autour de Londres. Les briques fabriquées par les différents fabricants varient un peu en taille et en poids ; dans certains cas, dix briques vont au boisseau, dans d'autres quatorze et dans d'autres seize. Cette dernière est la brique de la dimension la plus commune, elle pèse exactement une livre et mesure environ huit pouces et demi de long, cinq pouces et quart de large et un quart de pouce d'épaisseur ; c'est ce que les fabricants de frai de Londres appellent une brique de 9 x 6 x 2 pouces, mais elle rétrécit en séchant. Dans la vente au détail du blanc de brique dans ce pays, il est vendu au poids et non à la mesure.

Certains de nos semenciers font la publicité du blanc de champignon de moulin, mais ce qu'ils vendent sous ce nom n'est que le blanc de brique anglais ordinaire. L'une de nos principales sociétés semencières qui en font la publicité m'écrit : « Le véritable blanc de moulin était autrefois le meilleur en Angleterre, mais il a été remplacé, bien que les jardiniers européens appellent toujours le blanc anglais sous le nom de « moulin-piste ». " Le véritable blanc des chemins de moulin est le blanc naturel qui s'est répandu à travers les crottes de chevaux soigneusement amalgamées dans les chemins de moulin ou les nettoyages des chemins de moulin. Il est généralement vendu en gros morceaux irréguliers et quelque peu mous, et est très estimé par les fabricants de blanc pour imprégner leurs briques, mais de nos jours, que les chevaux ont cédé la place à la vapeur comme force motrice dans les moulins, nous n'avons plus d'approvisionnement en moulin. suivre le frai pour l'utiliser dans nos plates-bandes de champignons. Nous ne ressentons pas cette perte, cependant, car le blanc maintenant fabriqué par nos meilleurs fabricants produira une récolte de champignons aussi bonne que le faisait le vieux blanc naturel des moulins.

Le blanc en flocons est ce qu'on appelle généralement le blanc français et est importé dans ce pays depuis la France. Mais la fabrication du blanc « français » destiné à la vente n'est cependant pas strictement limitée à l'Hexagone. Il est présenté de deux manières, à savoir, joliment emballé dans de fines caisses en bois, contenant chacune deux ou trois livres de blanc, et également en vrac lorsqu'il est vendu au poids ou à la mesure.

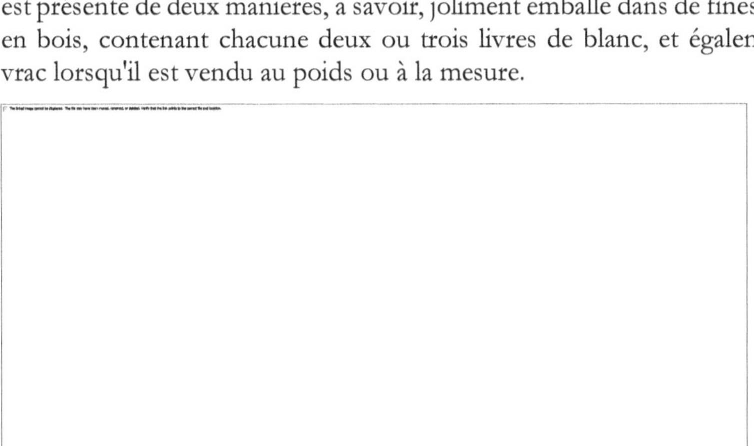

FIG. 22. FLOCON OU FRAI FRANÇAIS.

Le frai vierge est ce que nous appelons le frai naturel ou le frai sauvage ; c'est-à-dire le frai qui se produit naturellement dans les champs, dans les tas de fumier ou ailleurs, et sans aucune aide artificielle. Il est censé être produit directement à partir des spores du champignon et ne constitue pas une nouvelle croissance de parties survivantes d'anciens œufs qui auraient pu vivre dans le sol. Il est beaucoup plus vigoureux que le frai « fabriqué », et les fabricants de frai s'efforcent toujours de l'utiliser pour engendrer le frai artificiel. Il est rarement utilisé pour la ponte des champignons car il n'est pas facile à obtenir. De temps en temps, nous en rencontrons en grande quantité dans un tas de fumier ; cela ressemble à une masse de fils blancs traversant le fumier. Dès que vous l'avez découvert, sécurisez tout ce que vous pouvez trouver, ramenez-le à l'intérieur dans un grenier, un hangar ou une pièce et étendez-le pour qu'il sèche ; après l'avoir complètement séché, gardez-le au sec, conservez-le et utilisez-le comme vous le feriez avec du blanc français, car c'est le meilleur type de blanc en flocons. En utilisant du blanc vierge pour les frayères, j'ai obtenu des champignons plus gros et plus lourds que ceux du blanc "fabriqué", et les lits ont duré plus longtemps en bonne tenue, mais le poids de la récolte entière n'a pas été plus élevé que celui du blanc artificiel.

Comment garder Spawn. — Le frai doit être conservé dans un endroit sec et aéré, un peu sombre si cela convient, et à une température comprise entre

35° et 65°. Partout où les choses « doivent », comme dans une cave, un placard contre un mur ou dans un bâtiment étroit et humide, c'est un endroit très pauvre pour conserver le frai. Si le blanc est parfaitement sec et conservé dans un endroit sec et aéré, et peu volumineux, et couvert, il supportera une température élevée en toute impunité apparente, mais chaque fois que l'humidité, même de l'atmosphère, s'associe à la chaleur, le mycélium commence à croître, et cela, dans le magasin, est ruineux pour le frai. A en juger par nos cultures de champignons naturels, dont le blanc doit être vivant dans le sol en hiver, on conclut que le gel ne devrait pas nuire au blanc artificiel, mais mon expérience est que le gel dur détruit la vitalité du blanc en brique et en flocons. Et c'est l'une des raisons pour lesquelles je reçois notre plein approvisionnement en frai à l'automne et je le garde moi-même plutôt que de le soumettre à la merci du magasin de semences.

Nouveau contre ancien Spawn. — Combien de temps le frai peut-il être conservé sans que sa vitalité ne soit altérée est une question en suspens, mais il ne fait aucun doute que, s'il est correctement conservé, il restera bon pendant plusieurs années. Mais je ne peux pas trop insister auprès du lecteur sur l'importance d'utiliser du blanc frais. N'utilisez pas de vieux frai à aucun prix ; ne l'acceptez pas gratuitement et ruinez vos chances de succès en l'utilisant. Il s'écoule trois mois entre le moment où le fumier est ramassé pour les plates-bandes et celui où les champignons sont récoltés. Pouvez-vous donc vous permettre de consacrer ce temps, d'en subir les soins, les ennuis et les dépenses, et de courtiser l'échec en utilisant de vieux rejetons ? Nous avons suffisamment de risques avec les nouveaux spawns, sans parler des anciens. Je n'utilise plus de vieux frai, mais je l'ai utilisé assez souvent et assez longtemps pour être convaincu de son inutilité générale, à moins de le conserver avec le plus grand soin.

Comment distinguer le bon du mauvais spawn. — C'est une affaire très difficile, malgré ce qu'on peut dire du contraire. Si nous pouvions distinguer positivement les bons des mauvais œufs, nous n'utiliserions jamais de mauvais œufs et, par conséquent, avec des soins ordinaires, nous connaîtrions très peu d'échecs dans la culture des champignons ; car une bonne ponte est la racine du succès dans ce secteur. Spawn diffère beaucoup dans son apparence ; parfois les briques présentent très peu d'apparence de présence de blanc, et sont pourtant parfaitement bonnes ; et encore, nous pouvons obtenir des briques assez bien entrelacées et voilées de moisissures blanc bleuâtre ou de fils fins, et cela aussi est bien. Lorsque les briques sont librement imprégnées de fils blancs prononcés, cela ne signifie pas que le frai est mauvais. Des briques séchées aussi durement qu'une planche peuvent être parfaitement bonnes ; il en va de même pour ceux qui sont relativement mous. Le blanc de champignon doit avoir une odeur prononcée de champignon, et toute moisissure ressemblant à une toile d'araignée qui peut être apparente doit être d'une couleur blanc bleuâtre fraîche et les fins fils d'un blanc clair. Des fils ou des veines jaunâtres proéminents indiquent que le mycélium a commencé à se développer et a été tué. Des taches de moisissure blanche distinctes sur la surface des briques indiquent la présence d'un autre parasite fongique sur le mycélium du champignon ; l'absence de toute odeur de champignon dans le frai indique son inutilité et que le mycélium est mort. Celui qui est familier avec le frai des champignons peut distinguer avec une grande certitude le frai "très vivant" et le frai "très mort", mais je suis loin d'être convaincu que quiconque puisse décider sans hésitation s'il s'agit d'un frai moyen ou faible.

MS Henshaw, dans le Henderson's Handbook of Plants, nous dit : « La qualité du blanc peut être très facilement détectée par l'odeur de champignon, ... et je n'hésiterais pas à choisir du bon blanc dans l'obscurité. ". Sanguine, sûrement, mais je l'ai essayé et j'ai trouvé le test décevant. M. Lachaume dit que le bon blanc présente « une abondance de filaments blanc bleuâtre bien serrés les uns contre les autres et dégageant une odeur de champignon très prononcée. Toutes les portions qui présentent des traces de moisissure blanche ou jaune ou qui ont un aspect farineux doivent être rejetées ». et détruit." M. Wright dit : « Une brique peut être une masse de moisissure, et pourtant être sans valeur ; et si la moisissure a un aspect tacheté, comme si du sable blanc et fin avait été dragué sur et à travers la masse, il est certain qu'il n'y a aucune trace de moisissure. là-bas, il y a un pouvoir de croissance des champignons... Si des fils épais traversent la masse et qu'il y a des signes de tubercules miniatures dessus, alors le frai peut être considéré comme parti trop loin.... Des groupes de points blancs sur le frai dénotent la stérilité. "

MAD Cowan, de New York, qui a la réputation d'être un excellent juge du blanc de champignon, m'écrit : « Pour juger correctement de la qualité du blanc de brique par son apparence, il faut de l'expérience dans sa manipulation et un œil exercé qui permet de pour distinguer rapidement le bon du mauvais, du passable au médiocre Comme deux lots se ressemblent rarement exactement ou à peu près en apparence, il est difficilement possible de donner des règles précises à suivre, à l'exception de la condition impérative que doit posséder la ponte pour être bonne, à savoir. , l'aspect moisi à la surface, plus il y en a, mieux c'est, sans laisser apparaître de fils. Un trop grand nombre de ces briques dans un espace donné est une indication sûre d'une vitalité épuisée, provenant généralement du fait que les briques sont entassées ensemble pendant le processus de fabrication, avant d'être mises en place. Les briques suffisamment séchées sont généralement de couleur brun poussiéreux et les œufs légers de couleur noire doivent être évités, en règle générale, et lorsque l'apparence noire est très répandue dans une cargaison de briques, cela indique fortement que la couleur noire est très présente. le frai n'a pas suivi son cours ; et comme on ne s'attend pas à ce qu'il le fasse une fois qu'il est parvenu entre les mains du détaillant, il est économique de le jeter de côté. Certaines personnes cassent une brique en plusieurs morceaux pour voir à quoi elle ressemble à l'intérieur. Pour un œil expérimenté, cela n'est pas nécessaire, ni même de mettre la main dessus, car l'aspect extérieur moisi est la meilleure preuve de sa saine vitalité, et cela n'existe jamais si les briques ont perdu leur pouvoir germinatif, sauf, bien sûr. , où ils ont été maintenus humides, et où le blanc a dépensé sa puissance, ce qui est détecté par les fils blancs apparaissant en grande quantité.

Spawn de fabrication américaine. — Autant que j'ai pu le découvrir grâce à une enquête diligente, le blanc de champignon n'est pas destiné à la vente dans ce pays. Mais on m'a informé que quelques producteurs conservent et utilisent leur propre blanc en flocons. Certains de nos principaux producteurs, Van Siclen, Gardner et Henshaw, par exemple, ont tenté dans le passé de produire leur propre blanc, mais avec un succès seulement partiel, et maintenant ils se limitent à l'article importé. Mais cet état de choses ne peut pas durer longtemps. La demande ici en champignons frais est si grande, l'industrie de la culture des champignons si importante, le prix du blanc importé si élevé et la quantité de blanc étranger importée chaque année dans ce pays est si grande que, d'ici peu, nous espérons que certains on aura avantage à se faire une spécialité de culture du blanc de champignon dans ce pays pour approvisionner le marché américain. Il n'existe aucune opération pratique liée à la culture des champignons aussi peu connue ou comprise du cultivateur en général que la culture (ou la « fabrication », comme on l'appelle communément) et la conservation du blanc de champignon. Les cultivateurs généralistes en Angleterre et en France (en dehors des grottes de Paris) ne produisent pas leur propre frai ; c'est une branche distincte du commerce, exploitée par des spécialistes qui cultivent des champignons pour les vendre en hiver et les frayent en été.

Le temps et l'attention requis pour produire une petite quantité de blanc de première qualité valent plus que le coût du blanc au magasin de semences. Pour que le frai soit rentable, nous devons le produire en grande quantité, et nous n'avons pas besoin d'essayer de le faire à moins d'avoir de bons matériaux et de bonnes conditions pour sa préparation appropriée, et de lui accorder toute l'attention possible pour son meilleur développement.

Le fait que le frai puisse être fabriqué en Amérique n'est pas une raison pour que le peuple américain l'achète. Nous devons produire, au moins, un article aussi bon que le meilleur d'Europe avant de pouvoir trouver une certaine crédibilité sur notre marché intérieur. Ce n'est pas la forme de la brique de fumier, sa taille, sa finition, sa dureté, sa douceur ou sa fraîcheur qui comptent dans ce cas ; c'est la plénitude et la vitalité de la masse de mycélium ou de champignon végétal qu'elle contient.

COMMENT FAIRE L'ÉCOLE DE BRIQUE.

Comme la fabrication de blanc de brique destiné à la vente n'est pas encore une industrie américaine, mais presque entièrement confinée à l'Angleterre, je pense qu'il est préférable de me limiter à décrire comment elle est fabriquée en Angleterre. M. John F. Barter, de Lancefield Street, à Londres, est l'un des producteurs de champignons et de frayères les plus prospères de Grande-Bretagne. Il m'écrit qu'il se borne entièrement au commerce des champignons ; il en vit. Il cultive des champignons pendant les mois d'hiver et les fait frayer pendant les mois d'été ; il emploie des hommes pour faire les champignonnières d'août à mars, puis, pour rester entre les mêmes mains pendant l'été, il fabrique du blanc pour la vente. Il cultive et vend sur le marché de Londres environ 21 000 livres de champignons par an et, en été, il produit environ 10 000 boisseaux, équivalant à 160 000 livres, de blanc de brique pour la vente. La quantité de blanc de champignon produite chaque année par ce seul fabricant est environ trois fois supérieure à l'importation annuelle totale de blanc de champignon de toutes sortes dans ce pays. Et il n'est qu'un créateur parmi plusieurs. Ce seul fait doit nous convaincre que la culture des champignons est pratiquée dans une bien plus large mesure dans les pays européens qu'elle ne l'est ici, où nous disposons d'aussi bonnes installations qu'eux et d'un marché immensément meilleur.

La manière de fabriquer le frai diffère un peu selon les différents fabricants, et personne ne peut en devenir compétent sans connaissances pratiques. J'ai demandé à M. Barter s'il pensait que le frai pourrait être rentable dans ce pays, en payant, comme nous le faisons, 1,50 $ par jour pour les ouvriers, et sans aucune certitude que les mêmes hommes resteront avec nous en permanence. Il m'écrit : « Un travail incertain ne serait d'aucune utilité. Bien sûr, les salaires que vous payez n'y changeraient pas grand-chose, car je paie presque autant que cela pour mes dirigeants. Mais pour commencer, vous devez avoir un homme qui a j'ai eu une certaine expérience."

La façon la plus simple et la meilleure de créer du frai en brique que je trouve décrite est la suivante de *The Gardeners' Assistant* . Je peux affirmer ici que Robert Thompson, l'auteur de cet ouvrage, fut pendant de nombreuses années le surintendant des jardins de la Royal Horticultural Society à Chiswick, près de Londres, et, à son époque, était considéré comme sans égal en horticulture pratique, et vivait au milieu des jardins maraîchers de Londres et du principal quartier de culture de champignons.

« Des crottes de cheval fraîches, de la bouse de vache et un peu de terreau mélangés et battus avec autant de drainage stable qu'il peut être nécessaire pour réduire le tout à la consistance d'un mortier. Il peut ensuite être répandu sur le sol d'un hangar ouvert, et lorsque un peu ferme, il peut être coupé en gâteaux de six pouces carrés. Ceux-ci doivent être placés sur le bord dans un endroit sec et aéré, et doivent être fréquemment retournés et protégés de la pluie. Une fois à moitié secs, faites un trou assez grand dans le côté de chacun. pour admettre qu'environ un pouce carré de bon vieux blanc soit inséré si profondément qu'il soit un peu au-dessous de la surface; fermez-le avec un matériau humide identique à celui utilisé pour fabriquer les briques, lorsque les briques sont presque sèches, faites-le sur un terrain sec. au fond, une couche de neuf pouces d'épaisseur de fumier de cheval préparée comme pour un foyer, et sur cette pile les briques sont recouvertes assez ouvertement de litière afin que la vapeur et la chaleur de la couche de fumier puissent circuler entre les briques. ne doit pas dépasser 60° ; par conséquent, si cela risque de se produire, le revêtement doit être réduit en conséquence. Le blanc va bientôt commencer à couler à travers les briques, qui doivent être fréquemment examinées pendant le processus de ponte, et quand, en se brisant, le blanc apparaît partout assez abondamment, comme une moisissure blanche, le processus est allé assez loin. Si on le laisse se produire, le frai formerait des fils et de petits tubercules, ce qui est un stade trop avancé pour la conservation de ses pouvoirs végétatifs. Par conséquent, lorsque l'on observe que le blanc pénètre partout dans les briques comme une moisissure blanche, et avant qu'il ne prenne la forme filiforme, il doit être retiré et laissé sécher afin d'arrêter la progression de la végétation jusqu'à ce qu'il soit nécessaire pour son utilisation. Il doit être conservé dans un endroit sombre et parfaitement sec." J'ajouterais qu'il ne faut pas le conserver dans un endroit où il risque de moisir en été ; conserver-le également dans un endroit aussi frais et sec que possible en été, et toujours au-dessus de 35° en hiver.

Ces autres recettes sont également données :

"1. Une partie de crotte de cheval, un quart de bouse de vache et un vingtième de terreau.

"2. Du crottin de cheval frais mélangé avec une partie de litière courte, un tiers de bouse de vache et une petite partie de terreau.

"3. Des parties égales de fumier de cheval, de fumier de vache et de fumier de mouton, avec l'ajout de quelques feuilles pourries ou de vieux fumier de foyer.

"4. Une partie de bouse de cheval, deux parties de bouse de vache, une partie de bouse de mouton.

"5. Une part de crottes de chevaux provenant des routes, deux parts de bouse de vache, mélangées avec un peu de terreau.

"6. Boussier de cheval, fumier de vache et terreau, à parts égales."

De ce qui précède, il ressort que la bouse de cheval et la bouse de vache sont les principaux éléments des briques de frai ; le terreau est ajouté dans le but de faire tenir ensemble les autres matériaux ; il absorbe également l'ammoniac, qui autrement se dissiperait.

Méthode de J. Burton. De *la cuisine et du jardin du marché* .—faire le frai au début du printemps. Comme le fumier de vache est le principal ingrédient utilisé dans la fabrication des briques, il doit être sécurisé avant que les animaux ne reçoivent de la nourriture verte. Rangez-le sur le sol d'un hangar ouvert, sec et aéré et retournez-le tous les quelques jours pendant une semaine ou deux. Ajoutez ensuite à parts égales ce qui suit : du crottin de cheval frais, un peu de terreau et de la paille hachée, mélangées ensemble. "Le tout doit ensuite être bien travaillé ensemble puis foulé aux pieds, après quoi on peut le laisser rester quelques jours, puis il faudra le retourner deux ou trois fois par semaine. Si le temps est beau et sec, le la masse sera bientôt en état d'être moulée en briques, ce processus pouvant être effectué en utilisant un moule de la même manière que les fabricants de briques, ou, ... le fumier peut être réparti uniformément sur le sol sur une épaisseur de six pouces, puis être fermement foulé et battu uniformément avec le dos de la bêche. Il doit ensuite être aligné à la taille requise des briques et coupé avec une bêche tranchante ou un fer à gazon. Dans quelques jours, les briques seront coupées. être suffisamment secs pour être manipulés, alors qu'ils doivent être installés sur le bord pour sécher complètement, et s'ils sont exposés au soleil pendant deux ou trois jours, ils seront prêts à recevoir le frai en introduisant le frai dans deux trous assez grands pour admettre un morceau de frai. du blanc de la taille d'un œuf de pigeon doit être coupé dans chaque brique à égale distance. Celui-ci doit être bien battu et la surface doit être égalisée avec un peu de fumier. Les briques doivent ensuite être rassemblées en tas et recouvertes d'un fumier suffisamment court pour provoquer une légère chaleur, en faisant attention à ce qu'il n'y ait pas de chaleur intense ou de vapeur pour tuer le blanc. Il faut y veiller soigneusement jusqu'à ce que l'on constate que la blancheur a pénétré à travers l'ensemble des briques, après quoi elles doivent être empilées dans n'importe quel endroit sec et convenable.

COMMENT FAIRE FRAISER DES FRANÇAIS (flocons).

Je ne peux pas faire mieux que de laisser un Français pratique et engagé dans le métier raconter cette histoire. Dans le Vol. XIII du *Jardin de Londres* Je trouve une traduction anglaise du livre de M. Lachaume, "The Cave Mushroom", et ce commentaire de l'éditeur : "Le récit le plus complet de la culture des champignons dans les cavernes qui ait été publié par un cultivateur sur place. bien au courant du sujet est celui récemment publié par M. Lachaume.

Lachaume dit : « Le meilleur blanc à utiliser est ce qu'on appelle le blanc vierge, c'est-à-dire qui n'a pas encore produit de champignons. Dans ce pays, ce genre de blanc peut être obtenu chez n'importe quel pépiniériste respectable, sous le nom de ' Frai français. Il diffère du blanc anglais en ce qu'il se présente sous la forme de petites galettes touffues, au lieu de blocs compacts. Cependant, les grands producteurs de champignons se procurent toujours leur propre blanc en le prenant dans un lit qui est sur le point de produire sa récolte, ou bien. qui a déjà produit quelques petits champignons... Il est vrai qu'en « se reproduisant ainsi dedans et dedans », pour ainsi dire, les champignons montrent une tendance à se détériorer après un certain temps, il faut donc obtenir une nouvelle ponte dès qu'il y en a ; des signes de détérioration commencent à se manifester. »

Faire un frai vierge français. —Condensé du livre de Lachaume sur les champignons. Prenez cinq ou six tas de crottes de cheval restées en tas pendant un certain temps et ayant perdu leur chaleur, et mélangez-les avec un quart de leur volume de litière courte d'étable. Puis, en avril, ouvrez une tranchée de deux pieds de largeur, vingt pouces de profondeur et d'une longueur adaptée, au pied d'un mur orienté au nord, mais à huit pouces de distance. Au fond de la tranchée, étalez une couche de trois à quatre pouces d'épaisseur de paille hachée, puis une couche également épaisse de fumier préparé, le tout pressé fermement en le piétinant. Les deux couches doivent maintenant être doucement arrosées, puis une autre double couche de paille hachée et de crottes doit être déposée, piétinée et arrosée, et ainsi de suite jusqu'à ce que le sommet de la tranchée soit atteint. Le lit doit s'élever au-dessus du niveau du sol et être arrondi comme le haut d'un coffre. Pour éviter une humidité excessive due à de fortes pluies, recouvrez le monticule d'une épaisse couche de litière stable. Trois mois après le remplissage de la tranchée, celle-ci doit être ouverte sur le côté ou à l'extrémité. Si les morceaux de fumier sont bien recouverts d'amas de filaments blanc bleuâtre, dégageant une odeur de champignon, l'opération est réussie, et le blanc est propre à l'usage ou au séchage pour être conservé en vue d'un usage ultérieur. Mais si les fils ne sont que peu dispersés dans la masse, la tranchée doit être recouverte à nouveau et laissée pendant encore un mois. Pour conserver le blanc, il faut conserver les flocons de fumier contenant la plus grande quantité de filaments du blanc et rejeter ceux qui présentent un aspect brun. Afin de faciliter le séchage du blanc, les flocons doivent être brisés en morceaux pesant de une à deux livres ; ils sont ensuite placés dans un hangar bien aéré, mais ils ne doivent pas être entassés les uns sur les autres. Correctement préparé et séché, ce blanc se conserve dix ans.

Une deuxième méthode (par Lachaume). " Ceci est généralement adopté par les champignonnistes. La formation du blanc est accélérée en ajoutant ici et là des morceaux de vieux blanc.... Début avril il faut choisir un terrain situé au pied d'un mur exposé au nord. .... Le sol doit être très ouvert et léger plutôt que lourd, afin d'éviter l'humidité. Profitant d'une belle journée, nous ouvrons une tranchée de seize pouces de largeur et à environ huit pouces du pied du mur, et d'une longueur adaptée à la quantité de blanc que l'on désire produire. La terre est jetée du côté opposé au mur et le fumier qui vient d'être mis en forme est ensuite versé dans la tranchée en sortant. , cependant, un espace à une extrémité d'environ deux pieds et six pouces de longueur pour la formation d'un lit de champignons, qui est fait en jetant le fumier et en le secouant avec les mains, après quoi il est pressé avec le mains et genoux. Dès que la couche de fumier atteint six pouces d'épaisseur, nous plaçons le long du bord un certain nombre de morceaux de blanc espacés d'environ un pied. Ces mottes sont placées au niveau du fumier sur le bord face au mur. Cette partie de la surface du fumier doit être surélevée verticalement et s'appuyer contre le mur de terre de la tranchée. L'autre moitié de la surface doit être en pente douce vers le mur, en laissant un espace de trois ou quatre pouces entre elle et le côté de la tranchée, afin de pouvoir la tailler. Les morceaux de blanc sur cette surface doivent être placés un peu en arrière, afin qu'ils ne puissent pas être brisés lors du parage du lit. Le lit est ensuite recouvert de fumier supplémentaire, jusqu'à ce que les premiers morceaux de blanc soient enfouis à trois ou quatre pouces de profondeur. Une deuxième rangée de mottes de blanc est ensuite insérée, comme décrit dans les instructions de réalisation de la première rangée, et le lit est rempli au niveau de la surface du sol. On termine en le recouvrant d'une couche de terre fine et sèche de trois ou quatre pouces d'épaisseur. Le blanc doit être très sec, sinon nous aurons une récolte prématurée de champignons au lieu du blanc frais. Au bout de six semaines ou de quelques mois, la nouvelle ponte devrait faire son apparition, fait que nous pouvons apprendre en ouvrant le lit. Un signe qui nous évitera d'ouvrir les plates-bandes est l'apparition de jeunes champignons à la surface. La couche de terre est d'abord enlevée, puis les gâteaux de blanc sont traités comme décrit dans les instructions données pour la première méthode de fabrication du blanc.

Troisième méthode (par Lachaume). "En remplissant une tranchée comme celle décrite dans la première méthode, par une série de couches d'un tiers de guano de pigeon ou de volaille et de deux tiers de fumier court, contenant une grande proportion de crottes de chevaux usées, en le foulant fermement. , en l'arrosant s'il est trop sec, et en terminant par une couche de terre, comme déjà décrit, on pourra, au bout de quelques mois, ou même un peu plus, se procurer une provision de galettes de blanc bien formées. d'excellente qualité, pouvant être utilisé de la manière ordinaire.

Extrait de "Mushroom Culture" de M. Robinson. « Ce blanc (français) s'obtient en préparant un petit lit, comme pour les champignons, de la manière ordinaire, et en le faisant frayer avec des morceaux de blanc vierge, si cela est possible ; puis, lorsque le blanc s'est répandu à travers lui, le lit est brisé et utilisé pour les frayères dans les grottes, ou séché et conservé pour la vente.

Extrait du livre de M. Wright sur les champignons. "Le blanc français... est contenu dans des flocons de fumier. Il ne s'agit pas non plus de blanc vierge, ni d'un dérivé immédiat de celui-ci,... mais du blanc prélevé sur un lit pour en imprégner un autre."

Mérites relatifs du frai en flocons et en briques. — Le blanc en flocons ou le blanc français coûte environ trois fois plus cher que le blanc en brique ou le blanc anglais, et comme il est beaucoup plus blanc avec le mycélium que le blanc en brique, beaucoup pensent qu'il est plus puissant et vaut bien le coût supplémentaire. En frayant les lits, j'utilise deux livres de blanc en flocons pour planter le même espace pour lequel j'utiliserais cinq livres de blanc en brique, et cela donne une récolte capitale, avec un nombre de champignons un peu en faveur du blanc en flocons, mais en raison En raison de la plus grande taille des champignons, le poids de la récolte est considérablement en faveur du blanc de brique. Et je trouve plus de certitude d'une récolte dans le cas du blanc de brique que dans l'autre.

Concernant les mérites respectifs du blanc de brique et du blanc de flocons, M. Barter, en réponse à ma demande, m'écrit : « J'ai essayé les deux, et je sais que le blanc de brique est de loin le meilleur. Vous voyez, je ne fais que cette affaire de champignons. pour gagner ma vie, donc, bien sûr, j'utiliserais le meilleur type de blanc pour ma récolte. Généralement, le blanc français produit un tiers de champignons en moins que le blanc en brique de la même longueur de lit, de plus, ceux du blanc en brique le sont. de loin le plus lourd et le plus charnu.

Je voudrais ici faire observer que les remarques de M. Barter s'appliquent davantage aux plates-bandes de crêtes à l'extérieur qu'aux plates-bandes de la cave ou du champignonnière. Et il est étrange, mais vrai, que le frai en flocons ne produise pas d'aussi bons résultats dans les plates-bandes extérieures que dans celles sous abri.

CHAPITRE XI.

FRAISON DES LITS.

Une fois le lit de champignons constitué, il devrait, en quelques jours, atteindre une température de 110° à 120°. Observez bien cela, et ne frayez jamais de lit lorsque la chaleur augmente, ou lorsqu'elle fait plus de 100°, mais toujours lorsqu'elle est en baisse et en dessous de 90°. En cela, il y a une sécurité parfaite. Ayez un thermomètre au sol et maintenez-le plongé dans le lit ; en le retirant et en le regardant, on peut connaître exactement la température du lit. Ayez quelques piquets droits et lisses, comme de courtes cannes, et plantez leur extrémité dans le lit, à douze ou vingt pieds de distance ; en les retirant et en les palpant avec la main, on peut déterminer d'assez près quelle est la température du lit.

Tous les producteurs de champignons pratiques savent que si la température d'un lit de douze pouces d'épaisseur à sept pouces de la surface est de 100°, celle à moins d'un pouce de la surface du lit ne sera qu'environ 95° à l'intérieur et 85° à 90° à l'extérieur. de portes. De plus, lorsque la chaleur du fumier diminue, elle chute assez rapidement, de cinq, souvent dix degrés, par jour, jusqu'à ce qu'elle atteigne environ 75°, et entre cela et 65°, elle peut se reposer pendant des semaines.

Il y a quelques années, j'ai accordé une attention considérable à la question des frayères à différentes températures. Le frai planté dès que le lit a été constitué (cinq jours après le frai, la chaleur à l'intérieur du lit a atteint 123°) n'a donné aucun champignon, le mycélium étant tué. Il en était de même dans toutes les planches où le blanc avait été semé avant que la chaleur dans les planches n'ait atteint son maximum (120° ou plus). Là où la chaleur au milieu du lit n'atteignait jamais 115°, le blanc déposé lors de la confection du lit et moulé le même jour donnait une petite récolte de champignons. Un lit dans lequel la chaleur baissait s'est formé à 110° ; celle-ci donna une très bonne récolte, et à 100° et au-dessous de 65°, de bonnes récoltes furent dans tous les cas obtenues, avec un retard de plusieurs jours dans le cas des températures les plus basses. Mais malgré ces faits, mon conseil à tous les débutants en culture de champignons est d'attendre que la chaleur du lit diminue et retombe à au moins 90°, avant d'y insérer le frai.

M'écrivant à propos de la ponte de ses plates-bandes, M. Withington, du New Jersey, dit : "Je crois qu'une plate-bande créée à 60° ou 70°, et maintenue à 55° après l'apparition des champignons, donnera de meilleurs résultats qu'une plate-bande apparue à une température plus élevée." température plus élevée, disons 90°."

FIG. 23. SPAWN DE BRIQUE COUPÉ EN MORCEAUX POUR LA PLANTATION.

Préparation du Spawn. — Si l'on utilise du blanc de brique, coupez les briques (taille standard) en dix ou douze morceaux avec une hachette bien aiguisée, et évitez, autant que possible, d'en faire beaucoup de miettes, comme c'est généralement le cas lorsqu'on utilise un marteau ou un maillet pour casser. les briques. De très gros morceaux de blanc sont susceptibles de produire de grosses touffes de champignons, mais ce n'est pas toujours un avantage, car lorsque de nombreux champignons poussent ensemble en touffe, ils ont tendance à être quelque peu sous-dimensionnés, et lors de la cueillette, nous ne pouvons pas tous les cueillir proprement. assez pour ne pas laisser une partie de la "racine" dans le sol pour empoisonner l'équilibre de la touffe, dans le cas où plusieurs ou plusieurs d'entre elles jaillissent d'une base commune.

Insertion du Spawn. —Lorsque du blanc de brique est utilisé, plantez les mottes à environ un pouce de profondeur sous la surface du fumier et à environ dix pouces de distance dans chaque sens. Si le blanc est très beau et que les grumeaux sont gros, ne les plantez pas aussi près que lorsque le blanc contient moins de mycélium et que les grumeaux sont petits. N'utilisez jamais de plantoir pour planter du blanc; il suffit de faire un trou dans le fumier avec les doigts, d'y insérer la motte et de la recouvrir d'un coup, et dès que le massif est planté, bien la raffermir partout. Bien que les mottes ne soient enfouies qu'à un pouce de profondeur sous le fumier, nous devons faire un trou de trois ou quatre pouces de profondeur pour y enfoncer la motte et l'enterrer.

Le blanc français ou en flocons est inséré à peu près de la même manière et à peu près à la même distance, seulement, au lieu de le couper en morceaux, nous le brisons simplement en morceaux floconneux d'environ trois pouces de long sur un pouce d'épaisseur, et en le plantant dans le les lits, au lieu de le pousser dans le trou, déposent le flocon sur son côté plat et le recouvrent aussitôt.

De nombreux producteurs plantent le frai beaucoup plus profondément que moi, mais je n'ai jamais trouvé aucun avantage à planter en profondeur. Dans les plates-bandes modérément chaudes, ou les plates-bandes susceptibles de conserver leur chaleur pendant un temps considérable, je suis convaincu qu'une plantation peu profonde est meilleure qu'une plantation profonde. Lorsque nous voulons recouvrir nos plates-bandes peu de temps après leur ponte, une plantation peu profonde est recommandée. Mais si les lits ne sont qu'à 75° à 78°, avant d'être frayés ; alors je pense qu'une plantation profonde est meilleure qu'une plantation superficielle, car la température idéale donne au mycélium un meilleur départ dans la vie que le fumier plus frais plus près de la surface.

S'il y a un risque que le fumier de surface soit mouillé par l'humidité condensée de l'atmosphère, je recouvrirais à nouveau les plates-bandes de foin ou de paille et je le laisserais en place jusqu'au moment de la moisissure. Et si le lit est un peu lent, c'est-à-dire frais, ce revêtement aidera à le garder au chaud. Les lits extérieurs doivent être moulés trois ou quatre jours après le frai; dans les lits en huit à dix jours.

Spawn trempé. — Comme le blanc de brique est si dur et si sec, j'ai essayé de le tremper dans de l'eau tiède avant de le planter ; certains morceaux étaient simplement plongés dans l'eau, et d'autres étaient laissés tremper dans les seaux pendant une demi, une, cinq et dix heures. L'effet était préjudiciable dans tous les cas et ruineux dans le cas des pièces longtemps trempées.

Apparition de flocons. — " Ceci est produit en brisant le blanc de brique en morceaux d'environ deux pouces carrés et en les mélangeant dans un tas de fumier qui fermente doucement. Après être resté dans ce tas environ trois semaines, on trouvera une masse de blanc, et juste dans les conditions idéales pour parcourir vigoureusement tout le lit en très peu de temps... Lorsqu'on utilise du blanc en flocons, l'apparition de la récolte est de deux à trois semaines plus tôt que lorsqu'on utilise du blanc en brique. "—M. Henshaw, dans la première édition du "Henderson's Handbook of Plants". J'ai essayé cette méthode et lui ai accordé une attention particulière, mais les résultats étaient inférieurs à ceux obtenus lorsque du blanc de brique ordinaire avait été utilisé immédiatement.

Dans toute ma pratique, j'ai constaté que toute perturbation du frai pendant sa croissance active, qui provoquerait une rupture, une exposition ou un arrêt des fils du mycélium, a toujours eu une influence affaiblissante sur celui-ci. J'ai transplanté des morceaux de blanc de travail d'un lit à un autre, comme le font les producteurs français, mais je suis satisfait d'obtenir de meilleures récoltes et des champignons plus gros dans des lits de blanc sec que dans des lits plantés de blanc de travail provenant de n'importe quel autre lit.

CHAPITRE XII.

LOAM POUR LES LITS.

Lors de la culture des champignons, nous avons besoin de terreau pour envelopper les plates-bandes après leur ponte, pour recouvrir les plates-bandes portantes lorsqu'elles montrent des premiers signes d'épuisement, pour remplir les cavités à la surface des plates-bandes causées par l'enlèvement des souches de champignons et pour le mélange avec fumier pour former les lits. Le choix du sol dépend en grande partie du type de sol dont nous disposons ou que nous pouvons facilement obtenir.

Le meilleur type de terreau pour chaque usage lié à la culture des champignons est un sol riche, frais et moelleux, comme celui que les fleuristes recherchent avec impatience pour le rempotage et autres fins de serre. Au début de l'automne, je rassemble un tas de gazon frais, c'est-à-dire la couche supérieure d'un champ de pâturage, mais je n'y ajoute pas de fumier. Bien sûr, bien que cela contienne une bonne quantité de gazon, il y a aussi beaucoup de terre fine, et c'est ce que j'utilise pour les champignons. Avant de m'en servir, je brise les mottes avec une bêche ou une fourchette, j'en jette les parties les plus dures et j'utilise la partie terreuse la plus fine, mais toujours à l'état brut et jamais tamisée. Les parties vertes et détrempées qui ne sont pas trop rugueuses peuvent rester dans le sol, car elles ne font aucun mal, ni en arrêtant le mycélium, ni en arrêtant les champignons, et il n'y a aucun danger que l'herbe pousse et étouffe les champignons. .

Le terreau commun provenant d'un champ en jachère ouvert et bien drainé est bon et, si le sol est naturellement riche, excellent pour n'importe quel usage. Mais ne le prenez pas dans les parties humides des champs. Rejetez toutes les pierres, mottes de terre rugueuses, touffes, etc. Un tel terreau peut être utilisé immédiatement.

La terre de jardin ordinaire est utilisée plus fréquemment que toute autre sorte, et dans l'ensemble avec des résultats très satisfaisants. La plus grande objection que je lui ferai est la quantité d'insectes qu'il est susceptible de contenir en raison de ses lourdes fumures souvent répétées.

La terre en bordure de route, qu'elle soit limoneuse ou graveleuse, peut également être utilisée avec de bons résultats. S'il est exempt de mauvaises herbes, de brindilles, de pierres et de débris bruts, il peut être utilisé immédiatement, mais il est préférable de l'empiler en tas pour qu'il pourrisse pendant quelques mois avant de l'utiliser.

Un sol sableux, comme celui qu'on trouve dans les galeries d'eau le long des routes et là où il a été entraîné dans les champs, est bien inférieur à une terre plus dure et plus fibreuse.

J'ai utilisé avec succès la terre riche et de couleur foncée des pentes et des creux secs des bois, et, aussi étrange que cela puisse paraître, les champignons ne poussant pas naturellement dans les bois. Mais ce n'est pas aussi bon que le terreau provenant de plein champ.

Les tourbières ou les tourbières compostées depuis deux ou trois ans ne m'ont pas donné de bons rendements. Les champignons s'en sortiront bien, mais ils n'apprécieront pas cela.

Le terreau lourd et argileux est, d'une certaine manière, excellent, d'une autre, moins bon. Tant que nous pouvons le garder uniformément humide sans le rendre boueux, tout va bien, mais si nous le laissons sécher un peu trop, il se fissure et brise ainsi les fils du blanc et ruine les champignons qui ont été nourris à travers eux. .

Loam contenant du vieux fumier. — Les terreaux dans lesquels il y a beaucoup de fumier ancien et non décomposé, comme le riche sol de nos potagers, sont catégoriquement condamnés par certains auteurs à cause de la quantité de champignons parasites et nuisibles qu'ils sont censés produire lorsqu'ils sont utilisés dans les champignonnières. . Mais je ne peux pas m'associer à cette dénonciation car mon expérience ne la justifie pas. Cette terre est la seule qu'utilisent beaucoup de maraîchers, car elle n'en a pas d'autre, et certainement sans effet nuisible apparent. Lorsque j'étais en contact avec les jardins maraîchers de Londres, il y a une vingtaine d'années, Steele, Bagley, Broadbent et les autres grands producteurs de champignons des Fulham Fields recouvraient tous leurs plates-bandes avec la terre du jardin commun - peut-être la terre la plus remplie de fumier au monde. la surface de la terre — et les champignons parasites ne les ont jamais troublés. En effet, je ne comprends pas pourquoi il devrait produire des récoltes néfastes de champignons vénéneux lorsqu'il est utilisé dans des plates-bandes de champignons, et pas de champignons vénéneux lorsqu'il est utilisé à d'autres fins horticoles, comme sur nos bancs d'œillets dans les serres, dans nos plates-bandes de laitues ou de concombres, ou dans le cas de plantes en pot. Certes, des champignons parasites peuvent apparaître à tout moment et en plus ou moins grande quantité dans la terre de nos bancs de serre, de nos plates-bandes ou de nos champignonnières, mais je suis convaincu que la riche terre du potager n'a pas plus à voir avec la production de champignons vénéneux qu'avec a n'importe quelle autre bonne terre, et le vieux fumier y est beaucoup moins impliqué que le fumier frais.

Tous les jardiniers pratiques savent à quel point les serres, au printemps, lorsque la chaleur diminue, sont susceptibles de produire un certain nombre de champignons vénéneux ; et aussi que lorsque le lit est « épuisé », c'est-à-dire lorsque la chaleur a complètement disparu, la tendance à porter des champignons vénéneux a également disparu. Cette particularité est plus apparente au printemps qu'à l'automne. Tous les producteurs de champignons savent que les champignons parasites, lorsqu'ils apparaissent, sont plus nombreux trois à deux semaines avant l'apparition des champignons. La même excroissance apparaît dans le fumier entassé dans la cour ; quelques semaines après la disparition de la forte chaleur du fumier, on peut observer de nombreux champignons vénéneux sur et autour des tas, mais sur les tas de fumier froid et bien pourri, on trouve rarement des champignons vénéneux.

Le fumier d'écurie frais et propre utilisé dans la culture des champignons n'est pas susceptible d'être chargé de spores de champignons vénéneux pernicieux ; leur présence est toujours plus marquée dans le cas des engrais mélangés.

Et il existe une idée courante selon laquelle les champignons ne prospéreront pas dans des plates-bandes où abonde le vieux fumier, que ce soit dans le terreau ou dans les matières en fermentation ; qu'il tue le mycélium. Cela aussi, je dois le réfuter. J'ai vu des récoltes abondantes de champignons spontanés apparaître dans des massifs de violettes et d'œillets en hiver, et là où le sol était constitué d'au moins un quart de fumier pourri bien mélangé à la terre. Dans les parterres de concombres et de laitue, la même chose s'est produite. Et dans des plates-bandes similaires, plantées artificiellement de blanc, de bonnes récoltes de champignons ont également été cultivées, et le mycélium, au lieu d'échapper aux mottes de vieux fumier dans le sol, forme souvent une toile blanche à travers eux.

CHAPITRE XIII.

MISE À LA TERRE AU-DESSUS DES LITS.

Il s'agit d'une opération importante dans la culture des champignons, et celle pour laquelle l'argile est indispensable. Elle consiste à recouvrir les lits de fumier, après leur ponte, d'une couche, ou enveloppe, comme on l'appelle plus communément, de terreau. Le blanc se répand dans le fumier et remonte dans le boyau, où se développent la plupart des jeunes champignons et trouvent tous une prise solide. Le terreau contribue également à leur subsistance. Et il protège le fumier, et donc le blanc, des fluctuations brusques de température, et le préserve d'une humidité ou d'un dessèchement excessifs.

Le meilleur sol à utiliser à cette fin est un terreau riche, fibreux et moelleux, tel que celui décrit à la page 100.

Si le fumier est frais et en bon état et que les lits sont dans une cave confortable ou dans une champignonnière fermée, je ne les emballerais que la deuxième semaine après le frai, disons vers le huitième ou le dixième jour ; mais si ces mêmes lits se trouvaient dans un hangar ouvert et aéré ou dans un autre bâtiment, je les installerais quelques jours plus tôt, disons le quatrième ou le cinquième jour. On exprime souvent la crainte que lorsque les lits sont nettoyés dans les trois ou quatre jours qui suivent la ponte, l'exclusion complète du fumier de l'air est susceptible d'augmenter la chaleur du fumier dans le lit et de détruire ainsi le blanc ; mais je n'ai jamais connu de vérité dans cette théorie, et avec du fumier bien préparé, je suis convaincu qu'aucun réchauffement brusque ne se produit, du moins le thermomètre ne l'indique pas. Le grand danger d'un boyau précoce est de tuer le blanc en l'enfouissant trop profondément dans un matériau humide et avant qu'il ait commencé à s'écouler dans le fumier.

J'ai mené plusieurs expériences afin de m'assurer du moment opportun pour encaisser les lits, et je n'ai trouvé aucune différence de résultats entre les lits qui ont été recouverts dès leur ponte et d'autres qui n'ont été recouverts qu'au quatrième jour. , septième, dixième ou quatorzième jour après le frai. Les bons ou mauvais résultats au moment du gobetage dépendent de l'état du fumier dans les lits, de la profondeur à laquelle le blanc a été introduit, de l'ouverture ou de la proximité du lieu où se trouvent les lits et d'autres conditions culturelles. Mais retarder le gobetage jusqu'au quinzième ou seizième jour après la ponte est préjudiciable à la récolte, car en appliquant la couverture de sol, nous sommes sûrs de briser de nombreux fils de mycélium qui ont alors si librement imprégné la surface du fumier. . Après la quatrième semaine, de petits nœuds blancs peuvent être observés ici et là sur les fils de frai ; ceux-ci forment des champignons, et retarder le tubage du lit jusqu'à ce moment étoufferait ces petites têtes d'épingle et gâcherait grandement nos perspectives d'une bonne récolte.

Peter Henderson, dans son ouvrage inestimable "Gardening for Profit", a donné naissance à un préjugé profondément ancré contre la moisissure sur les plates-bandes de champignons dès leur apparition, en nous disant que lors de sa première tentative de culture de champignons, il avait travaillé pendant deux des années sans être capable de produire un seul champignon, et tout cela parce qu'il a recouvert ses lits d'une enveloppe de terreau de deux pouces dès qu'il les a engendrés. Puis il changea de tactique et ne modela les lits que le dixième ou le douzième jour après la ponte et fut récompensé par de bonnes récoltes de champignons. Or, malgré l'expérience de M. Henderson, il est un fait que de nombreux excellents producteurs frayent et façonnent leurs plates-bandes le même jour, et avec succès. Mais M. H. a fait beaucoup de bien en exposant un rocher contre lequel beaucoup pourraient se briser, tant cela dépend d'autres conditions culturelles. L'ancienne pratique consistant à insérer le blanc de trois pouces ou plus de profondeur dans le lit de fumier, puis à le modeler immédiatement avec deux pouces de terreau de profondeur, suffisait à détruire le blanc le plus puissant ; de nos jours, nous recouvrons à peine le blanc avec le fumier, et c'est pour cela que le moulage immédiat est si réussi.

Toute la préparation nécessaire consiste à avoir le terreau dans un état moyennement sec et moelleux, bien brisé avec la bêche ou la fourche à creuser, et débarrassé des bâtons, des pierres, des grosses racines, des mottes, des morceaux de vieux fumier, etc.

Tamiser le sol pour le tubage des plates-bandes est une perte de travail. Les terres tamisées n'ont aucun avantage sur les terres non tamisées, sauf lorsqu'elles doivent être utilisées pour recouvrir les lits porteurs ou pour combler les trous de leur surface.

L'état du sol doit être moelleux mais enclin à l'humidité. Mouillé, il ne peut être utilisé que maladroitement et s'étaler difficilement ; s'il est sec, il peut s'étaler facilement mais ne peut pas être rendu ferme, et sur les crêtes, il ne peut pas être appliqué uniformément. Mais lorsqu'il est modérément humide, il peut être étalé facilement et uniformément sur des surfaces planes ou arrondies, et rendu ferme et lisse.

La profondeur à laquelle le moule doit être placé sur le lit est également une question en suspens. Certains producteurs recommandent trois quarts de pouce, d'autres un, un et demi, deux ou deux pouces et demi, et certains de nos meilleurs producteurs d'il y a cinquante ou soixante-quinze ans affirmaient catégoriquement trois pouces comme la profondeur appropriée, mais parmi les écrivains récents, je n'en trouve aucun qui dépasse deux pouces et demi. Ma propre expérience est en faveur d'un revêtement épais, disons d'un pouce et demi à deux pouces. Dans le cas d'une couverture mince, les champignons poussent bien, mais leur texture n'est pas aussi solide que dans le cas d'une couverture épaisse, et les plates-bandes ne continuent pas non plus à porter aussi longtemps ; en outre, la « formation de buée » est beaucoup plus répandue sous les lits à faible couverture que sous les lits fortement couverts ; de plus, lorsque la couche de terreau est épaisse, un plus grand nombre de « têtes d'épingle » se transforment en champignons de taille normale que dans le cas de plates-bandes finement moulées.

Les avis diffèrent quant au raffermissement du sol. Je suis en faveur d'un tassement du sol assez ferme et je n'ai jamais vu de bons champignons qui ne pouvaient pas passer à travers une enveloppe de terreau bien ferme, et je n'ai jamais connu de cas où une enveloppe ferme a arrêté ou freiné la propagation du mycélium ou le développement. des champignons. Dans le cas de lits plats, par exemple ceux réalisés sur des étagères et des sols, un revêtement légèrement compacté (et c'est tout ce qu'utilise M. JG Gardner) peut convenir, mais dans le cas de murs le long des murs, je préfère de loin les crêtes et autres lits arrondis et j'utilise toujours des boîtiers solidement compactés.

M. Henshaw utilise depuis plusieurs années du gazon vert d'environ deux pouces d'épaisseur, disposé partout sur le lit, le côté herbe vers le bas, et battu fermement. L'avantage d'utiliser du gazon plutôt que de la terre, pense-t-il, est que les jeunes grappes de champignons ne sont jamais mouillées ni « embuées », comme elles ont tendance à le faire lorsque de la terre est utilisée.

J'ai donné à cette méthode des gazons verts des essais répétés et minutieux, et je suis convaincu qu'elle n'a aucun avantage, en aucune façon, sur le terreau fibreux commun ; en effet, ce n'est pas aussi bon. Peu importe avec quelle fermeté un gazon, dont le côté vert est vers le bas, peut être battu sur un lit de fumier, il n'y a pratiquement aucune union entre les deux ; le gazon repose simplement sur le fumier, mais si étroitement que le mycélium y pénètre librement. Un léger mouvement ou déplacement du gazon après l'entrée du frai brisera les fils de mycélium entre le fumier et le gazon, ce qui détruira les champignons immatures qui se forment dans le gazon. Cela m'a posé beaucoup de problèmes. Marcher sur le gazon le dérangerait. Une touffe de champignons robustes formée sous lui le déplace parfois en se frayant un chemin vers la surface.

Les gazons ne conviennent que pour une utilisation sur des plates-bandes où ils peuvent rester solides ; sur les lits arrondis ou faîtiers, ils sont trop susceptibles d'être dérangés. Et les difficultés et les dépenses liées à l'acquisition des gazons sont trop importantes pour justifier leur utilisation, même si elles présentaient des avantages.

CHAPITRE XIV.

TOPDRESSING AVEC DE L'ARGENT.

Dans les plates-bandes en pleine floraison ou un peu dépassées, nous trouvons souvent une multitude de très petits champignons ou ce que nous appelons des champignons « à tête d'épingle », qui semblent être posés juste au sommet du terreau, ou des touffes qui ont été un peu surélevées. au-dessus de la surface en poussant en grappes, ou ce que nous appelons des « roches » ; maintenant, une couche de terreau frais finement tamisé, d'environ un quart à un demi-pouce d'épaisseur, répandue sur tout le lit, aidera matériellement ces champignons sans leur faire de mal. Mais bien que ce traitement de surface aide tous les champignons visibles au-dessus du sol, aussi petits soient-ils au moment de l'application du traitement, je ne suis pas convaincu qu'il induit une plus grande fertilité du frai, ou, en d'autres termes, qu'il incite le frai à se propager. plus loin et produire plus de champignons qu'ils ne le feraient sans traitement de surface. Je sais que cela est contraire aux opinions et aux écrits de beaucoup, en même temps c'est selon ma propre observation.

Parcourez le lit très soigneusement et choisissez chaque champignon mou ou « embué », aussi petit soit-il, et extrayez chaque morceau de vieille tige de champignon ou de matière spongieuse dure formée par celui-ci, et de cette façon, obtenez le lit soigneusement nettoyé. Remplissez ensuite tous les trous causés par l'arrachage des champignons ou par l'arrachage des vieilles souches, et lorsque toute la surface est de niveau, appliquez l'enduit uniformément sur toute la face du massif, en évitant, autant que possible, d'enterrer les champignons bien avancés. Même s'il serait très judicieux de tasser le pansement en douceur sur le lit, cela n'est pas pratique ; nous pouvons l'appuyer doucement avec le dos de la main sur les endroits dénudés entre les champignons, mais nous ne devrions même pas le faire sur les champignons, aussi petits soient-ils, sinon beaucoup de "têtes d'épingle" seraient blessées et provoqueraient des blessures. "s'embuer."

Mais on peut raffermir le pansement au massif en l'arrosant, ce qui peut se faire sur toute la surface du massif, et sans épargner les champignons, grands ou petits. Utilisez de l'eau claire et appliquez-la délicatement à travers une rose en pot. Je fais toujours cela et je n'ai jamais vu cela blesser les jeunes champignons.

Dans le cas de champignonnières dans lesquelles des taches noires sont apparues dans la culture, j'ai constaté qu'un traitement de terre fine et fraîche appliqué uniformément sur toute la planche agit, dans une certaine mesure, comme préventif d'une nouvelle attaque, mais bien sûr n'a aucun effet sur les champignons déjà affectés, grands ou petits.

CHAPITRE XV.

LA BONNE TEMPÉRATURE.

La meilleure température pour conserver la champignonnière ou la cave est de 55° à 57°. Mais beaucoup dépend de la méthode de culture de l'esculent ; la construction de la maison ou de la cave et d'autres circonstances. Les champignons peuvent être cultivés avec succès dans des bâtiments dans lesquels la température peut descendre jusqu'à 20° ou atteindre 65°. En recouvrant bien les plates-bandes de foin ou d'autres matériaux de protection, ils peuvent rester au chaud, même par temps glacial, comme le font les maraîchers de Londres avec leurs plates-bandes extérieures en hiver ; mais lorsque la température dans la structure dans laquelle les champignons sont cultivés atteint en moyenne 70°, nous ne pouvons pas espérer de succès ; en effet, 65° est trop élevé.

Une température élevée dans une maison ou une cave proche est nocive ; il se précipite dans la récolte et fait pousser des champignons faibles, à chair fine et à tiges longues et disgracieuses ; cela épuise bientôt le lit. Le moment où ses effets néfastes sont les moins visibles est au début de l'automne et à la fin du printemps, lorsque la température extérieure est élevée et lorsque les lits sont plutôt aérés que rapprochés. Dans les caves Dosoris, il y a une différence constante d'environ 5° de température entre l'extrémité voisine de la chaudière, qui est maintenue à 60° précisément, et celle de l'autre extrémité, qui enregistre régulièrement 55°. Il y a très peu de différence dans le poids de la récolte produite sur les plates-bandes à chaque extrémité de ces caves, mais le peu qu'il y a est en faveur de l'extrémité la plus froide. À 60°, la récolte commence à arriver six à sept semaines après le frai, dure trois à quatre semaines en production abondante et une semaine ou plus en production légère, puis elle diminue progressivement.

À une température de 55°, il peut s'écouler sept semaines après la ponte avant que les champignons n'apparaissent. À une température de 50°, ils peuvent mettre quelques jours de plus à apparaître, mais, en règle générale, ils sont fermes, lourds, à tige courte et peut-être un peu velus sur le dessus et moites au toucher, et les lits durent en bonne tenue pendant deux mois ; en fait, cela dure souvent tout un hiver. Mais je n'ai pas réussi à trouver que la récolte entière d'un lit à une température de 45° à 50° était plus grande que celle d'un lit similaire à une température de 55° à 57° ; il s'agit simplement d'obtenir en six semaines de la maison la plus chaude ce qu'il faut dix semaines pour obtenir de la maison la plus froide.

Dans une température de 50°, il n'est pas nécessaire de couvrir les lits pour augmenter leur chaleur, ni même à 45°, s'il y a une assez chaleur dans le corps du lit pour maintenir le travail du frai ; mais si la chaleur de l'intérieur du lit tombe en dessous de 57° et la température atmosphérique en dessous de 45°, le lit doit être maintenu au chaud en le recouvrant de foin, de paille, de nattes ou d'autres matériaux, ou mieux encore en le mettant dans une boîte et en le recouvrant de foin, de paille, de nattes ou d'autres matériaux. poser ce revêtement sur l'extérieur du boxe. A froid, épaississez le revêtement, à chaud, diminuez-le.

CHAPITRE XVI.

ARROSAGE DES LITS DE CHAMPIGNONS.

Si les plates-bandes deviennent sèches, il faut les arroser, car les champignons ne pousseront pas bien dans des plates-bandes sèches ou dans une atmosphère sèche. L'arrosage est une opération qui demande beaucoup de soin. Dans des lits bien faits, le fumier doit rester suffisamment humide du début à la fin, et toute sécheresse évidente doit se retrouver dans l'enveloppe limoneuse des lits et dans l'atmosphère. Dans toutes les champignonnières chauffées artificiellement, les plates-bandes et l'atmosphère ont tendance à devenir trop sèches à un moment ou à un autre ; dans les maisons ou les caves souterraines, cela est moins apparent que dans les structures aériennes ; dans les maisons ombragées orientées au nord, la sécheresse est moins gênante que dans les maisons plus ouvertes.

Efforcez-vous par tous les moyens équitables de réduire la nécessité d'arroser les plates-bandes, mais lorsque l'eau est nécessaire, n'hésitez jamais à la donner gratuitement. Le paillage des massifs et le maintien d'une atmosphère humide sont les meilleurs moyens préventifs. Une fois les plates-bandes frayées et moulées, il est judicieux de les recouvrir d'une légère couche de litière pailleuse ou de foin pour éviter le dessèchement, mais ce paillis doit être retiré lorsqu'il est presque temps pour les jeunes champignons d'apparaître. Une légère aspersion d'eau sur ce paillis tous les quelques jours, mais jamais suffisamment pour atteindre le sol, aide à préserver suffisamment d'humidité dans le lit sous le paillis et également dans l'atmosphère de la maison.

Eau propre et douce à une température de 80° ou 90° ; un peu plus chaud ou un peu plus froid ne fera pas de mal, mais n'utilisez pas d'eau à une température supérieure à 110°, car elle pourrait blesser les petites têtes d'épingle, ni inférieure à la température moyenne de la maison, car elle refroidirait le lit, et cela devrait toujours être évité.

Utilisez un arrosoir de petite ou moyenne taille avec un long bec et un fin arroseur de roses. Appliquez l'eau sous une douche douce sur le lit, les champignons et tout le reste, mais n'en utilisez jamais suffisamment pour lui permettre de se déposer dans des mares ou de s'écouler dans de petits ruisseaux. L'eau propre arrosée sur les champignons ne semble pas les blesser, mais ils ne doivent jamais être touchés avec de l'eau de fumier, car cela les tache. Dès que la surface du lit montre des signes de sécheresse, donnez-lui de l'eau, la quantité dépendant de l'état du lit. Ne laissez jamais un lit devenir très sec avant de l'arroser. Pour bien humidifier un lit très sec, il faut un arrosage abondant ; à tel point, en effet, que le changement soudain pourrait nuire aux jeunes champignons et au frai. Donnez suffisamment d'eau à la fois pour humidifier modérément le sol, pas pour le détremper, mais jamais suffisamment pour passer à travers le sol dans le fumier. On ne doit utiliser que de l'eau propre jusqu'à ce que les lits soient en production, mais après ce temps, l'eau de fumier peut être utilisée avec avantage ; cependant, cela n'est pas du tout impératif ; en fait, d'excellentes récoltes peuvent être produites et sont continuellement produites sans aucune aide d'eau de fumier.

Dans le cas de planches en pleine production, l'eau du fumier est bénéfique à la culture. Appliquez-le à partir d'un petit arrosoir avec un bec long et étroit mais sans rose, et versez doucement le liquide sur la surface du lit, en le faisant couler librement entre les touffes mais sans jamais toucher aucun des champignons. C'est pour cette raison qu'il ne faut pas utiliser de rose.

J'ai toujours utilisé plus ou moins l'eau de fumier pour les champignons, mais au cours des deux dernières saisons - 1987-1988 et 1988-1989 - je l'ai expérimenté continuellement et avec beaucoup de soin, en l'utilisant sous une forme ou une autre en partie. de chaque lit, et je suis convaincu que l'eau de fumier fabriquée à partir de crottes de cheval fraîches est la meilleure, et que le liquide de couleur foncée, les écoulements des tas de fumier, est le plus pauvre ; en fait, cette dernière n'est pas aussi bonne que l'eau claire, car elle semble avoir un effet amortissant plutôt que vivifiant sur les lits. Le fumier de vache et le fumier de mouton font un bon engrais liquide, mais je préfère quand même le fumier de cheval, et bien qu'ayant fait des tests équitables sur le fumier de poule et de pigeon et le guano, je ne suis pas convaincu qu'ils aient profité à la récolte, et il y a toujours un risque dans leur utiliser. Le fumier liquide fabriqué à partir du contenu du réservoir de la basse-cour n'a pas fait grand bien, mais l'urine fraîche des écuries de chevaux et de vaches, diluée douze à quinze fois en volume, a donné des résultats favorables.

Non seulement les champignons supportent impunément, mais ils semblent apprécier un engrais liquide plus fort que toute autre plante cultivée, et je suis convaincu que les liquides faibles habituellement recommandés pour les plantes en pot et les plantes de jardin seraient à peine plus efficaces que l'eau ordinaire pour les champignons.

L'eau de fumier qui m'a donné le plus de satisfaction est préparée comme suit : versez deux boisseaux de crottes de cheval fraîches dans un baril de quarante-cinq gallons et remplissez d'eau ; remuez bien et laissez reposer toute la nuit. Égouttez le liquide le lendemain et ajoutez-y une livre de salpêtre. Pour l'utiliser, à un seau de ce liquide, ajoutez un seau d'eau tiède. Une eau d'environ 80° à 90° est la meilleure pour les champignonnières. Le salpêtre est un excellent engrais pour les champignons. Je l'utilise de deux manières, à savoir : D'abord, en poudre et mélangée à la terre pour le tubage des plates-bandes, à raison de deux onces de salpêtre par boisseau de terre.

Deuxièmement, dissous dans l'eau à raison de deux onces de salpêtre pour huit gallons d'eau, et répandu sur les lits.

J'utilise le sel commun comme insecticide et aussi comme engrais, et je suis convaincu qu'il s'avère bénéfique dans les deux sens. Parfois je l'asperge à la surface des massifs, toujours sur les endroits dénudés, sans jamais toucher les champignons, et je l'y laisse un jour ou deux, puis avec un léger et doux aspersion d'eau, je l'infiltre dans le sol. C'est pour aider à détruire les anguillulæ. Comme engrais, dissolvez seulement quatre onces de sel dans dix gallons d'eau et saupoudrez-les sur les lits.

On peut remédier à une atmosphère trop sèche en arrosant les sols, les murs ou les revêtements de litière des massifs avec de l'eau, pas abondamment ni copieusement, mais doucement et juste assez pour mouiller les surfaces ; Il est préférable d'humidifier ainsi fréquemment plutôt que d'arroser l'endroit à tout moment. Mais je n'aime pas beaucoup arroser les lits pour humidifier l'atmosphère. Un homme expérimenté peut dire en un instant si l'atmosphère de la champignonnière est trop sèche ou non. L'air dans la champignonnière doit toujours être humide, sans pour autant être cru ou froid, et les surfaces du sol et des murs doivent présenter une lente tendance à sécher, et la terre sur les plates-bandes doit conserver son aspect sombre et humide. La moindre tendance à la sécheresse doit être immédiatement atténuée en humidifiant les surfaces des murs et du sol.

Dans les maisons chauffées par des conduits de fumée, ou plus encore par des poêles ordinaires et des tuyaux en tôle, il peut être nécessaire d'humidifier les sols et les murs une ou plusieurs fois par jour pour maintenir une atmosphère suffisamment humide, mais lorsque des conduites d'eau chaude sont utilisées et que le les maisons étant suffisamment étanches pour ne nécessiter que peu de chaleur artificielle, des arrosages aussi fréquents ne seront pas nécessaires. Dans le cas de lits situés dans des structures non chauffées, l'atmosphère ordinaire est généralement suffisamment humide.

Vapeur de fumier pour humidifier l'atmosphère. —Le regretté James Barnes, d'Angleterre, un grand et vieux jardinier, écrivant dans le London *Garden* , Vol. III, page 486, décrit sa méthode de culture des champignons il y a soixante ans et dit : « En hiver, une belle chaleur humide était maintenue en plaçant du fumier chaud à l'intérieur et en le retournant souvent. » M. John G. Gardner, de Jobstown, New Jersey, est l'un des anciens élèves de M. Barnes et un cultivateur de champignons très prospère, et il pratique maintenant cette même méthode d'humidification de l'atmosphère par la vapeur chaude du fumier. Voir page 21.

Pour humidifier les sols de la champignonnière ainsi que les massifs, j'utilise un arrosoir de taille moyenne et du rosier fin ; mais pour asperger les murs et autres parties difficilement accessibles par l'arrosoir, j'utilise une seringue de jardin ordinaire.

CHAPITRE XVII.

C'est un point important dans la culture de cet esculent, et il faut s'en occuper avec une minutieuse discrétion.

Le moment où les champignons sont aptes à la cueillette dépend de plusieurs conditions ; par exemple, qu'ils soient destinés au marché ou à la maison, et dans ce dernier cas, qu'ils soient recherchés pour les soupes ou les ragoûts. Pour une apparence fraîche et attrayante et une meilleure appréciation sur le marché, cueillez-les lorsqu'ils sont dodus et frais et juste avant que le volant reliant le capuchon à la tige ne se brise. Les champignons français doivent toujours être cueillis avant que les volants n'éclatent ; les champignons anglais sont également plus beaux lorsqu'ils sont cueillis à cette époque, mais ils sont admissibles s'ils sont cueillis lorsque la collerette commence à éclater et avant que le chapeau ne se soit ouvert à plat. Si les champignons ont tendance à produire de longues tiges, cueillez-les un peu plus tôt, assez tôt pour obtenir des tiges courtes, car les longues tiges ne sont pas appréciées sur le marché ; il en va de même pour les champignons sombres, décolorés ou vieux de toute sorte. Parfois, nous n'avons pas assez de champignons prêts lors d'une cueillette pour que cela vaille la peine de les envoyer au marché, et nous sommes tentés de les laisser non cueillis jusqu'au lendemain, lorsqu'ils auront grandi et que beaucoup d'autres seront devenus assez grands pour être cueillis. Cela ne devrait jamais être fait. Cela donnera un sort défavorisé et inégal, certains grands, certains petits, certains vieux, certains jeunes. Il est bien préférable de les cueillir tous au moment où ils sont prêts à être rassemblés, et de les conserver en sécurité dans un endroit frais et couverts jusqu'à ce que d'autres soient prêts à être utilisés, et ainsi d'avoir un lot de jeunes produits d'apparence uniforme.

Les champignons pour les soupes doivent toujours être cueillis avant qu'ils n'éclatent leurs branchies ; en effet, ils sont principalement rassemblés lorsqu'ils sont dans un état de bouton ; c'est-à-dire lorsqu'ils ont à peu près la taille d'une bille. Dans cet état, une fois cuits, ils conservent leur aspect blanc et ne décolorent pas la soupe. Les champignons immatures manquent de saveur.

Pour un usage domestique, pour cuire au four, mijoter, griller ou pour cuisiner de toute manière où la tendreté de la chair et le délicieux arôme des champignons sont désirables dans leur meilleur état, laissez les champignons atteindre leur pleine taille et éclater leurs fioritures, comme le montre la figure 24, et rassemblez-les avant que les capuchons ne s'ouvrent à plat ou que les branchies ne perdent leur couleur rose vif. Si vous les laissez vieillir suffisamment pour que les branchies brunissent avant de les cueillir, les champignons deviendront de texture coriace, perdront en saveur et fonceront tristement à la cuisson.

FIG. 24. UN CHAMPIGNON PARFAIT.

Lors de la cueillette, arrachez toujours les champignons par la racine et ne les coupez jamais, si cela est possible, avec un couteau. Lors de la cueillette, saisissez les champignons et donnez-leur une torsion vive mais douce, en les pressant en même temps, et ils se séparent généralement du lit sans aucun problème ; placez-les ensuite dans les paniers, racine vers le bas, de manière à les garder parfaitement propres et exempts de saletés. Parfois, lorsque plusieurs champignons sont réunis en un seul porte-greffe et qu'il est impossible d'en retirer un sans déranger l'ensemble, on le coupe plutôt que de l'arracher. Dans le cas de touffes de jeunes champignons, où l'on ne peut en arracher un sans déplacer également quelques autres, coupez-le plutôt que de l'arracher. Il existe un talent pour arracher les champignons, facile à acquérir par la pratique. Et même lorsqu'ils poussent en touffes épaisses et qu'il semble impossible d'arracher les adultes sans déranger les autres, une main exercée leur donnera un tic et une traction – ils se séparent souvent du lit au moindre contact. et sortez-les sans défaire aucun des nombreux petits boutons qui peuvent pousser autour d'eux.

Les avantages de l'arrêt par rapport à la coupe sont nombreux : Cela profite au lit. Si nous coupons un champignon et laissons sa souche dans le sol, au bout de quelques jours, la pourriture s'installe et une substance pelucheuse ou spongieuse se développe autour du vieux cul, ce qui détruit de nombreux petits champignons qui l'entourent, ainsi que chaque fil de mycélium. qui entre en contact avec lui. Il faut veiller particulièrement à évider ces souches avec un couteau avant que cette condition ne se produise, et à passer en revue les lits tous les quelques jours pour remplir les trous faits en ramassant les vieilles souches avec de l'argile fraîche.

Les champignons effilochés se conservent toujours frais plus longtemps que ceux qui ont été coupés. Dans l'intérêt de l'exploitant du marché, ils présentent un autre avantage. Les champignons s'achètent et se vendent au poids, et comme les tiges sont toujours retenues jusqu'aux chapeaux, tous sont pesés ensemble ; si une partie des tiges avait été coupée, le poids aurait été réduit et, dans la même proportion, le prix ; mais si les tiges sont conservées entières, non seulement les champignons en bénéficient, mais leur poids, et avec lui leur prix, est également augmenté.

Champ de cueillette ou champignons sauvages. —Partez à leur recherche le matin avant que le soleil ne se réchauffe et qu'ils ne deviennent trop ouverts ou vieux. Si vous souhaitez les cueillir et les conserver dans leur état le plus parfait, arrachez-les par les « racines », enlevez-en soigneusement toute terre, puis déposez-les en ordre dans le panier, la racine vers le bas ; et en étalant une bonne feuille de papier sur la couche, on peut en disposer une autre au-dessus de la même manière, et ainsi de suite jusqu'à ce que le panier soit plein. Mais si vous n'êtes pas si exigeant et souhaitez les utiliser immédiatement, ou pour le ketchup ou le séchage, la manière courante de les couper et de les transporter chez vous en vrac suffira assez bien.

Commercialisation des champignons. — La plupart des producteurs maraîchers qui vivent immédiatement autour de New York vendent directement et livrent leurs champignons aux hôtels, aux restaurants et aux fruitiers raffinés. Mais certains d'entre eux, et la plupart aussi de ceux qui vivent à une distance considérable de la ville, vendent leurs champignons par l'intermédiaire de marchands à commission à New York ; à leur tour, ils vendent en quantités adaptées aux clients.

Les champignons sont vendus au poids et arrivent sur le marché dans des boîtes en papier solide et brut. Certains producteurs fabriquent des caisses en bois léger pouvant contenir chacune de un à quatre livres de champignons, ce qui constitue un emballage pratique et solide pour l'expédition par express. Ils peuvent être envoyés seuls ou, comme c'est le cas pour les cartons en papier, plusieurs emballés ensemble dans des caisses ou des cartons. En envoyant directement aux hôtels des paniers bon marché, contenant une ou plusieurs livres, M. Les paniers de Gardner contiennent douze livres. Ils sont souvent utilisés, mais lorsqu'ils sont envoyés aux marchands à commission, qui doivent les distribuer en quantités adaptées aux clients, les champignons doivent toujours être emballés dans des boîtes ou des paniers d'une, deux, trois ou quatre livres, de préférence une livre. . Les champignons ne sont pas comme les pommes de terre ou les pommes, qui peuvent être manipulées, remesurées et reconditionnées sans les abîmer. Chaque remaniement va certainement en décolorer et peut-être en briser un bon nombre, les rendant invendables, voire sans valeur.

Le plus grand soin lors de la cueillette et de l'emballage des champignons destinés à l'expédition est primordial. Rassemblez-les au moment où ils sont dans les meilleures conditions, qu'ils soient ou non emballés et expédiés le jour même ; ne les laissez jamais s'ouvrir avant de les rassembler ; et ne coupez jamais les tiges courtes. Les longues tiges doivent être raccourcies, mais pas avant que tout soit prêt pour les emballer. Avec une brosse à cheveux très douce, dépoussiérez toute terre qui pourrait coller au chapeau du champignon, et avec une brosse plus dure ou le dos d'un couteau, frottez la terre de l'extrémité de la racine de la tige. Triez ensuite les champignons, les gros seuls, les moyens seuls, les petits ou les boutons seuls, et emballez chaque espèce séparément. Emballer très fermement, sans meurtrir, et de manière à mettre en valeur les jolis bonnets. N'emballez jamais les champignons à plus de deux profondeurs sans utiliser beaucoup de papier doux entre les couches, et n'en mettez jamais une grande quantité dans une boîte ou un panier. Ils se décolorent si facilement que, tout bien considéré, environ une livre suffit dans une boîte, si l'on souhaite les transporter en toute sécurité et conserver leur peau lumineuse et fraîche sans ternir.

M. Barter, de Londres, m'écrit : « Les barquettes que nous utilisons pour commercialiser nos champignons sont les mêmes que celles utilisées pour les fraises ou les pêches. Elles ne contiennent qu'une livre, mais il est de plus en plus courant maintenant de faire fabriquer de petites boîtes contenant de trois à cinq livres, car ils sont préférables pour être emballés dans des caisses plus grandes pour les longs voyages.

CHAPITRE XVIII.

VIEUX LITS REVIGORANTS.

Il existe une impression largement répandue parmi les horticulteurs selon laquelle les plates-bandes usées qui ont cessé de porter peuvent, au moyen de l'arrosage et de certains stimulants et du réchauffement, être revigorées de manière à reprendre leur pleine production et à produire une seconde et une bonne récolte. J'ai consacré à cette question une réflexion minutieuse et pratique, et je n'ai absolument pas réussi à ressusciter un lit « mort ». Je n'ai pas pu le faire moi-même, et aucun exemple de cela n'a jamais été observé sous mon observation. Cela peut apparaître comme une hérésie au vu des innombrables écrits contraires.

Un champ de champignons peut continuer à produire de manière décousue pendant plusieurs mois, et montrer de temps en temps des poussées de fertilité accrue ; mais ce n'est pas une seconde récolte ; il s'agit simplement d'un dribble prolongé de la première récolte. Un lit, en raison du froid ou de la sécheresse, peut, pour ainsi dire, rester immobile ou cesser partiellement de porter, et peu de temps après avoir été humidifié, réchauffé et autrement soumis à des conditions agréables, il affichera une énergie renouvelée ; mais ce n'est pas une seconde récolte ; il s'agit simplement d'une poussée de la première récolte causée par des conditions culturelles particulièrement favorables. Mais pour montrer à quel point cette question sur laquelle on a tant écrit est vague, permettez-moi de citer une lettre que m'a adressée M. J. Barter, qui cultive 21 000 livres de champignons par an pour le marché de Londres : « Vous me demandez : « Avez-vous déjà eu une deuxième récolte ? Mes plates-bandes durent en moyenne tous les trois mois, et j'estime que c'est trois récoltes. Mais que ce soit trois ou six mois, le poids des champignons est à peu près le même qu'il y en a, disons une tonne. le fumier, seulement une quantité limitée de capacité de production de champignons, si vous le forcez à produire ce poids en deux mois, vous êtes gagnant, car vous économisez ainsi du travail ; mais lorsque cette capacité de production est épuisée, il ne produira plus de champignons.

Un lit de champignons épuisé est celui qui a été maintenu en état de production dans les circonstances les plus favorables à notre disposition, et il a donné une bonne récolte, a duré environ deux mois en production, et maintenant il a cessé de produire (sauf de manière maigre et décousue). manière) parce que le blanc ou le mycélium s'est épuisé et est mort. Alors, sans œufs vivants dans le lit, comment pouvons-nous obtenir des champignons ? Certains morceaux de mycélium sont encore vivants et ne donnent que quelques champignons, mais chaque champignon qu'ils produisent s'attaque à leur vitalité, et après un certain temps, eux aussi mourront et le lit sera complètement stérile, car le mycélium est complètement mort et sans mycélium. les champignons sont une impossibilité. Nous pouvons maintenir le mycélium des champignons en croissance active toute l'année et année après année, à condition de ne jamais le laisser produire des champignons. Cela se fait en prélevant le mycélium, juste avant qu'il ne commence à produire, d'un lit de fumier et en le plantant dans un autre, et ainsi de suite de lit en lit. A chaque nouvelle transplantation, le mycélium s'efforce de croître à nouveau, car il doit devenir une plante forte avant d'avoir assez de force pour produire et soutenir un champignon. Nos plus grands efforts n'ont jamais rendu le mycélium à l'état de champignon pérenne.

CHAPITRE XIX.

INSECTES ET AUTRES ENNEMIS.

Le cultivateur de champignons a son lot d'insectes à affronter, et pour les vaincre, il doit se familiariser avec eux, savoir ce qu'ils sont, ce qu'ils font, d'où ils viennent et comment les détruire. Il faut étudier les maladies et les accidents de sa récolte et s'efforcer d'en connaître la cause. Si nous connaissons la cause du déclin de la santé des plantes, même des champignons, nous pouvons probablement arrêter ou concevoir un remède à la maladie ou des moyens pour empêcher sa réapparition, et si nous ne pouvons pas apporter de bénéfice au sujet actuel, nous sommes prévenus contre de futures attaques. Mais il y a dans cette direction de nombreux problèmes mystérieux dans la culture des champignons. Nous savons probablement quelque chose sur les déprédations commises par les insectes ou les moisissures parasites en surface, mais je suis sûr qu'il y a beaucoup de méfaits sous terre dont nous savons très peu, voire rien. Les maux auxquels le mycélium est sujet ne sont pas du tout bien compris.

"Les asticots." — C'est le nom commun parmi les cultivateurs de champignons pratiques pour désigner les larves d'une espèce de mouche (Diptera) qui, à partir d'avril et pendant les mois chauds de l'été, rend la culture des champignons non rentable. C'est inévitable et, jusqu'à présent, cela s'est révélé invincible. Il attaque les champignons dans les caves profondes, les maisons hors sol, les serres ou les charpentes, et est souvent assez commun dans les cultures précoces en plein champ. On lit parfois que cela n'arrive pas dans les caves non chauffées, mais c'est une erreur, car dans nos caves tunnels non chauffées, où la température en avril ne dépasse pas 55°, les asticots apparaissent toujours vers la fin de ce mois. Mais il est vrai que dans les maisons fraîches et où les plates-bandes sont recouvertes de foin ou de paille, les vers n'apparaissent pas aussi tôt dans la saison que dans les maisons chaudes et les plates-bandes ouvertes. Bien qu'une propreté rigoureuse et le soin apporté à garder la maison ou la cave fermée aient sans aucun doute beaucoup à faire pour atténuer les ennuis, je n'ai jamais pu les surmonter, et je ne connais personne qui y soit parvenu. Nous arrêtons simplement de cultiver des champignons en été.

Les asticots ou larves mesurent environ trois seizièmes à quatre seizièmes de pouce de long, sont blancs avec la tête noire et apparaissent dans toutes les parties du champignon, mais principalement dans le chapeau et à la base de la tige, et perforent ici et là. laissant derrière eux un réseau dégoûtant de terriers. Les minuscules boutons, dès qu'ils apparaissent à la surface du sol, sont infestés, mais cela n'empêche pas leur croissance, et lorsqu'ils deviennent des champignons assez gros pour être cueillis, à moins que ce ne soit pour une piqûre ou un traçage sombre maintenant et alors visibles à l'extérieur des chapeaux et des tiges, il n'y a que peu de signes pour indiquer à l'œil inexpérimenté la présence d'asticots. Et c'est pourquoi les champignons asticots sont si souvent exposés à la vente en été. Mais chez les champignons gros ou adultes, et en particulier dans les variétés à peau blanche, leur présence est suffisamment visible. Bien que très répugnants et totalement impropres à la consommation, les champignons larves ne sont pas toxiques.

Mais tous les champignons des cultures d'été ne sont pas des vers, seulement une grande partie d'entre eux ; le mal commence en avril, et augmente à mesure que l'été avance, jusqu'en août, où il diminue, et s'arrête complètement en octobre : c'est du moins mon expérience.

Une solution de sel, de salpêtre ou d'ammoniaque répandue à la surface des lits ne sert à rien, dans ce cas, car un insecticide, la poudre de pyrèthre diffusée dans l'atmosphère et la fumée du tabac, ont été inefficaces. Brûler une lampe placée dans une bassine d'eau avec un peu de kérosène flottant à la surface est une opération des plus douteuses. Des multitudes de mouches sont détruites par cette lampe-piège, mais ce sont de pauvres petites « mouches de fumier » innocentes, et l'atmosphère de la maison est viciée et rendue malsaine pour la récolte. J'ai essayé ces pièges à lampe saison après saison, et je n'ai jamais su qu'ils faisaient du bien ; c'est-à-dire que les vers semblaient tout aussi nombreux dans la cave à lampe que dans l'autre cave dans laquelle aucun piège à lampe n'avait été utilisé.

Concernant cette question des "asticots", M. JF Barter, de Londres, m'écrit : "Pendant les mois d'été, les champignons d'extérieur deviennent des vers avant d'être assez gros pour être récoltés, mais bien sûr, ils peuvent être cultivés dans des caves fraîches toute l'année. ..... Je ne connais pas de remède sûr contre eux (les asticots) ; bien sûr, une légère aspersion de sel avec du fumier ou de la moisissure empêche, dans une certaine mesure, mais il faut l'utiliser avec beaucoup de précautions. » Or, mon expérience est, comme je l'ai déjà dit, qu'il est impossible de cultiver des champignons ici en été, même dans des caves fraîches, sans les avoir plus ou moins larves. En ce qui concerne le sel et le limon préventif, je l'ai essayé légèrement et fortement, mais sans aucun effet positif apparent.

Tâche noire. — Tous les producteurs de champignons connaissent cette maladie, mais à moins qu'elle n'apparaisse sous une forme prononcée, on n'y prête que très peu d'attention, même parmi les marchands, car nous voyons continuellement des champignons tachetés exposés à la vente. Il apparaît sous forme de taches, de stries ou de taches de rousseur brun foncé sur le dessus des chapeaux des champignons et augmente en netteté et en largeur avec l'âge. Figure 25 . Elle est causée par les vers de l'anguille (*Anguillulæ*).

Ces minuscules créatures pénètrent dans les champignons lorsque ceux-ci sont sous leur plus petite forme d'épingle et avant de sortir du sol. Si un bouton apparaît propre, il reste propre, s'il est malade, il continue à l'être, et c'est un fait que si un champignon d'une touffe a une tache noire, nous constatons généralement que tous les champignons de la touffe en sont atteints. Mais les champignons poussant à partir du même morceau de blanc et qui s'éloignent d'un pouce ou deux de ceux tachetés peuvent être parfaitement propres. La tache noire ne s'est jamais produite chez moi dans les nouveaux lits, et rarement dans ceux en production vigoureuse, mais elle apparaît généralement dans les lits qui sont en état de production depuis quelques semaines ou en déclin. Il ne se limite pas à un endroit ou à une partie particulière du lit, et parfois il est beaucoup plus abondant qu'à d'autres. Entre octobre et mars, nous avons très peu de taches noires, mais à mesure que le printemps s'ouvre, cette maladie augmente. Pendant la saison hivernale, avec une attention particulière, peut-être pas même 1 pour cent ne présentera de taches noires, mais à mesure que le temps chaud s'installe, le pourcentage augmente jusqu'en mai, où jusqu'à 20 pour cent peuvent en être affectés.

FIG. 25. CHAMPIGNON ATTEINT DE TACHE NOIRE.

La tache noire est cependant une maladie qui peut être contrôlée. Gardez tout dans et autour des champignonnières parfaitement propres, et dès qu'un lit a cessé de produire une récolte qui mérite d'être cueillie, nettoyez-le, badigeonnez à la chaux la place qu'il occupait et faites un autre lit. Observez attentivement qu'aucun vieux terreau ou fumier ne puisse s'accumuler nulle part, ni qu'une écume verte ne se forme sur les planches, les sentiers ou les murs ; de l'eau bouillante imprégnée d'alun, versée sur les planches, les murs et autres surfaces couvertes d'écume, tuera les vers d'anguille, mais il ne faut pas la laisser toucher les massifs de champignons qui sont en portant ou en train de porter. Beaucoup peut être fait pour protéger les plates-bandes des ravages de ce ravageur : lors de la cueillette des champignons, enlevez tout vestige de vieilles souches et de champignons embués, gardez les trous remplis de terreau frais et, lorsque le lit est en état de porter. pendant quinze jours, saupoudrez-le d'une solution de sel, et le lendemain, recouvrez-le d'une couche d'un demi-pouce de terreau frais finement tamisé ; fixez-le au lit avec le dos de la main, car on ne peut pas appuyer dessus avec une bêche à cause des champignons qui poussent.

La tache noire est-elle malsaine ? Je ne pense pas. Je n'ai jamais connu d'effets néfastes en en mangeant. Les parties tachetées sont simplement insipides et insipides. Mais c'est une maladie très répugnante, et personne, j'en suis sûr, ne se soucierait de manger des vers d'anguille avec leurs champignons. Jusqu'à tout récemment, je considérais la tache noire comme la marque d'un champignon parasite et, agissant sous cette impression, j'envoyais les champignons affectés au Dr WG Farlow, professeur de botanique cryptogamique à l'université de Harvard, pour obtenir son avis. Il m'écrit : "Je trouve que le mal est dû aux *Anguillulæ*, et je trouve une abondance de ces animaux dans les taches brunes." Il m'a conseillé de les soumettre à un expert en « vers ». J'ai ensuite envoyé des échantillons à mon aimable ami, M. William Saunders, de Washington, DC, qui les a soumis, pour moi, au Dr Thomas Taylor, microscopiste du Département de l'Agriculture des États-Unis, et qui m'a répondu : « Je vous recommande utilisez une aspersion d'eau bouillante sur toute la surface du lit, en particulier sur la partie située à côté de la boxe. L'eau bouillante doit être appliquée avant l'apparition des boutons, mais sans pénétrer à plus d'un huitième de pouce sous la surface. abondent partout où existe de la matière végétale en décomposition.... Les algues vertes à l'extérieur des pots de fleurs abonde dans les anguillules.

Le fumier vole. — C'est le nom que nous donnons aux petites mouches (une espèce de *Sciara*) qui apparaissent en grand nombre au printemps et en été dans nos champignonnières, ou bien dans les foyers ou structures de toute sorte où l'on utilise du fumier, ainsi que à propos des tas de fumier dans la cour. En raison de leurs habitudes, ils sont considérés avec beaucoup de mauvaise faveur. Ils sautillent dans la maison et courent continuellement sur les champignons, les massifs et les murs, de la manière la plus suspecte. Mais, malgré cela, j'ai tendance à les considérer comme parfaitement inoffensifs en ce qui concerne les dommages à la récolte de champignons, à l'exception du fait qu'ils salissent quelque peu les champignons en les parcourant avec leurs pieds boueux.

En essayant de me débarrasser de l'asticot, j'ai détruit un grand nombre de ces petits innocents, mais sans aucune diminution apparente de leur nombre. Lachaume recommande : « On peut détruire ces mouches en plaçant environ quelques casseroles remplies d'eau additionnée de quelques gouttes d'essence de térébenthine. Les mouches sont attirées par l'odeur et se noient. On peut aussi les attraper avec un lumière flottante, dans laquelle ils se brûleront les ailes et tomberont à l'eau. J'ai découvert que la poudre de buhach pure saupoudrée dans l'air ou brûlée sur une pelle chaude dans la champignonnière était plus efficace pour détruire ces mouches que la lampe ou le processus de noyade.

Limaces. — Ce sont des parasites sérieux dans les champignonnières, en particulier dans les structures aériennes, et ils sont également présents en nombre gênant dans les caves. Partout où du foin ou de la paille est utilisé pour couvrir les plates-bandes, ou où il y a beaucoup de boiseries autour de la maison, les limaces semblent être les plus nombreuses. Ils sont très friands de champignons et les attaquent à tous les stades, depuis le petit bouton qui émerge du sol jusqu'à la plante pleinement développée. Dans le cas des boutons ou des petits champignons, ils rongent généralement un morceau sur le dessus ou sur le côté du chapeau, et à mesure que le champignon progresse dans sa croissance, ces blessures s'étendent et présentent une vilaine cicatrice ou une défiguration. Ils mordent également les tiges. Mais dans le cas des champignons frais et adultes, ils semblent avoir un penchant particulier pour les branchies et en mangent des parcelles ici et là.

Trous « Bullet » ou « Shot ». —Mon attention a été attirée pour la première fois sur ces éléments par MAH Withington, du New Jersey. Ce sont de petits trous percés à travers les chapeaux des champignons, comme perforés par une chevrotine, et sont évidemment l'œuvre de quelque insecte. Il avait auparavant soumis certains de ces champignons perforés au professeur S. Lockwood, qui les avait envoyés au professeur CV Riley pour avis. Le professeur Riley a répondu : "Il est fort probable que les dégâts aient été causés par un myriapode, peut-être un Julus, ou certains de ses alliés. Seule l'observation sur place permettra de déterminer ce point." Comme je n'ai jamais eu de problème avec les myriapodes attaquant les champignons et que je n'avais rien vu de ce "trou de balle" dans nos propres lits, j'étais très intéressé par la question et déterminé à y faire attention, j'ai donc délimité une partie d'un lit et laissé cela sans soin. J'ai vite découvert le problème. Ces trous sont l'œuvre de limaces que j'ai trouvées et observées en train de ronger les trous. Pour retrouver les limaces au travail, il faut prendre sa lanterne et sortir les chercher la nuit. Et pour en savoir plus sur les parasites des plantes, qu'il s'agisse de champignons ou d'insectes, il faut les laisser tranquilles et les observer. Si nous avions continué notre chasse sans relâche aux limaces, nous n'aurions probablement pas encore su ce qui avait causé ces « trous de balle », car aucune limace n'aurait été laissée en vie assez longtemps pour manger un trou dans le chapeau d'un champignon.

Les limaces doivent être attrapées et tuées. Nous pouvons les trouver la nuit en les recherchant à la lueur d'une lampe ; leur trace visqueuse scintille et révèle leur présence. Quelques petits morceaux d'ardoise ou de planches à moitié pourries avec une pincée de son dessus, posés çà et là autour des lits, sont des pièges pratiques ; les limaces se rassemblent pour manger le son, se cachent sous le bois pourri et peuvent ensuite être attrapées et tuées. Les feuilles de laitue fraîches constituent un piège capital, mais les laitues en janvier ou février sont à peu près aussi rares que les champignons eux-mêmes. Une vinaigrette salée n'a pas de goût pour les limaces et ne nuit pas aux champignons. De l'eau de chaux fraîche et forte peut être pulvérisée librement sur les boiseries, les allées, les murs ou ailleurs où les limaces pourraient se rassembler et se cacher ; mais cette solution ne doit pas être utilisée sur les champignonnières. Cependant, une propreté rigoureuse autour du champignonnière et un œil toujours attentif aux limaces devraient les maintenir en place.

Les poux de bois. — On en trouvera sûrement plus ou moins en abondance dans chaque champignonnière, même dans les caves. Ils rampent par les portes, les ventilateurs ou d'autres interstices, sont amenés avec le fumier et trouvent refuge près des boiseries, du fumier ou de tout morceau de litière sèche qui peut se trouver aux alentours. Ils attaquent la tête d'épingle et les petits champignons de Paris en mordant de petites taches sur le dessus et les côtés ; et bien que ces taches soient petites au départ, la tache s'étend à mesure que le champignon grandit et constitue une caractéristique désagréable. Piéger et tuer les insectes est le principal remède. Mettez une partie d'une pomme de terre à moitié bouillie (pour laquelle aucun sel n'a été utilisé) dans une petite boîte en carton, et couvrez la pomme de terre avec de la mousse des marais bien sèche, posez la boîte sur le côté et ouvrez-la par le bout sur le lit. Les poux du bois se rassemblent pour manger la pomme de terre et restent après le festin car la mousse sèche leur offre une cachette confortable. Plusieurs de ces petites boîtes peuvent être utilisées. Parcourez la maison le matin, soulevez rapidement les petits pièges et secouez les poux de bois qui pourraient s'y trouver dans un seau en fer blanc (un vieux seau à saindoux fera l'affaire) qui doit contenir un peu d'eau et de kérosène. Ces pièges peuvent être utilisés pendant n'importe quelle durée, en observant simplement de changer la pomme de terre de temps en temps pour qu'elle soit dans un état appétissant. De l'eau chaude ou une forte émulsion de kérosène peuvent être versées sur les boiseries, les murs et les allées pour détruire les poux du bois, mais ne doivent pas toucher les lits. Des pommes douces, des pommes de terre et des panais empoisonnés ont été recommandés comme appâts pour ces parasites, mais je dois décourager l'utilisation de poisons de toute sorte dans la champignonnière. Des morceaux carrés de six ou huit pouces de planches à moitié pourries et très sèches, posés par paires, l'un au-dessus de l'autre, constituent également des pièges capitaux ; les poux du bois s'y rassemblent pour s'y cacher ; ces pièges doivent être examinés fréquemment et les insectes secoués dans le seau contenant de l'eau et du kérosène.

Les acariens. — Deux sortes d'acariens sont très courantes sur les champignons au printemps et en été ; l'une est blanchâtre et plus petite qu'une « araignée rouge » (l'un des insectes nuisibles les plus courants parmi les plantes de jardin), et l'autre est jaunâtre et aussi grande ou plus grande qu'une « araignée rouge ». Mais je ne pense pas qu'aucun de ces acariens mérite d'être considéré comme un ravageur des champignons. L'acarien jaune (probablement *Lyroglyphus infestans*) est extrêmement commun dans la litière pailleuse à la surface des foyers, et je n'ai aucun doute qu'il se fraie un chemin dans la champignonnière sous forme de vermine du fumier plutôt que de parasite des champignons. Ils sont l'effet et non la cause des dommages causés à la culture. Lorsque les champignons sont blessés ou fissurés, notamment au niveau de la tige, les crevasses deviennent souvent abondamment peuplées de ces acariens, mais ils ne causent aucun dommage matériel.

Souris et rats. —Ces rongeurs sont très friands de champignons et là où ils ont accès aux massifs, ils sont gênants et destructeurs. La souris commune et la souris à ventre blanc sont des destructeurs de champignons, mais, jusqu'à présent, le mulot agile mais timide (dans les cultures de jardin, de plein air et sous châssis en général) n'a jamais encore dérangé nos champignons, mais je ne peux pas pense que cette immunité est volontaire de sa part. Les souris mordent ici et là un petit morceau du chapeau des jeunes champignons, et ces marques de morsure, à mesure que les champignons progressent dans leur croissance, s'ouvrent et deviennent des défigurations disgracieuses. Cependant, dans le cas des champignons ouverts, les souris, comme les limaces, préfèrent les branchies aux chapeaux charnus. Les rats sont bien plus destructeurs que les souris. Le piégeage est le seul remède que j'utilise, et je n'utiliserais pas de poison dans les champignonnières pour ces créatures pour des raisons évidentes. Mais nous devons sécuriser nos maisons contre leurs intrusions.

Crapauds. —Ceux-ci sont recommandés comme bons pièges à insectes à utiliser dans les champignonnières, mais je n'en veux pas là-bas ; le remède est aussi mauvais que le mal. Le champignonnière est un petit paradis pour le crapaud. Il monte dessus et se creuse ou se coude un petit trou douillet là où il le souhaite, et beaucoup d'entre eux aussi, et ne se soucie pas de savoir si, dans ses efforts pour se mettre à l'aise, il a soulevé les plus belles touffes de jeunes champignons. dans les lits.

S'embuer. — C'est une des affections les plus communes propres aux champignons cultivés. Il s'agit du ramollissement, du flétrissement et du dépérissement d'une partie des jeunes champignons, qui prennent aussi généralement une couleur brunâtre. Ces champignons flétris n'apparaissent pas isolément çà et là sur la face du lit, mais par plaques ; généralement, tous ou presque tous les très petits champignons d'une touffe deviendront bruns et mous, et il n'y a aucune aide pour eux ; ils ne retrouveront jamais leur rondeur. Certains auteurs attribuent la formation de buée à des conditions atmosphériques défavorables : la température peut être trop froide ou trop chaude, ou l'atmosphère trop humide ou trop sèche. Je suis convaincu que la buée est due à la destruction des fils de mycélium qui soutenaient ces champignons ; c'est une maladie de la « racine », pour reprendre cette expression ; les « racines » ayant été tuées, les sommités doivent nécessairement périr. Si cela était dû à des conditions aériennes défavorables, nous devrions nous attendre à ce que l'ensemble de la récolte soit plus ou moins affecté; mais cela n'arrive pas ; les champignons d'une touffe peuvent être flétris et les touffes contiguës parfaitement saines.

Tout ce qui tuera les fils de frai ou de mycélium provoquera une formation de buée qui envahira chaque petit champignon attaché à ces fils de mycélium. Garder le lit ou une partie de celui-ci continuellement humide ou sec provoquera une formation de buée et des gouttes; on dit également que l'arrosage avec de l'eau très froide en est la cause, mais je n'ai pas trouvé que ce soit le cas. Détacher le sol en arrachant brusquement les gros champignons détruira de nombreux petits champignons et têtes d'épingles attachés à la même touffe ; et lorsque de gros champignons poussent à travers le sol et déplacent une partie de la terre, tous les petits champignons ainsi déplacés dépériront probablement, car les fils de mycélium auxquels ils étaient attachés pour les soutenir auront été sectionnés. Une cause courante de buée est due au fait de couper les champignons lors de leur cueillette et de laisser les souches dans le sol ; en quelques jours, ces souches développent une peluche blanche ou une substance mouchetée, qui semble empoisonner chaque fil de mycélium qui y mène, et tous les champignons, présents et à venir, qui sont attachés à cette toile de mycélium arrêtée sont affectés par le poison de la vieille souche de champignon en décomposition et la buée s'en va. Toute matière impure présente dans le lit avec laquelle le mycélium entre en contact détruira le blanc et embuera les jeunes champignons. Lachaume se plaint des larves de deux coléoptères, *Aphodius fimetarius* et *Dermestes tessellatus* , qui « causent de gros dégâts en mangeant la ponte, brisant ainsi les filaments reproducteurs ». Les dommages de ce type causés par ces insectes ou par tout autre insecte nuisible provoqueront une formation de buée. Mais je n'ai remarqué ni les coléoptères ci-dessus ni leurs larves autour de nos lits.

Troupeau. —C'est la pire de toutes les maladies des champignons et elle est courante partout où les champignons sont cultivés artificiellement. Ce n'est pas une nouvelle maladie ; Je le connais depuis vingt-cinq ans, et il était aussi courant qu'aujourd'hui, et les jardiniers pratiques l'ont toujours appelé *Flock* . Je dis « la pire de toutes les maladies » parce que *je sais* que les champignons qui en sont atteints sont à la fois malsains et indigestes, et je peux facilement croire que dans les cas aggravés, ils sont toxiques. Elle est causée par d'autres champignons qui infestent les branchies et les collerettes des champignons et en font une masse dure et floconneuse ; tantôt les champignons atteints conservent leur peau blanche, leur couleur et leur forme normale, tantôt le chapeau se déforme plus ou moins. L'illustration, fig. 26, est tirée de la nature et constitue une bonne moyenne d'un champignon infesté par un troupeau. Lors de la cueillette des champignons, les producteurs devraient insister pour que tout champignon infesté par des troupeaux soit jeté, et les consommateurs de champignons devraient se familiariser avec cette maladie afin de connaître et de rejeter tout champignon qui en présente une trace.

FIGURE 26. UN CHAMPIGNON MALADE EN TROUPEAU.

Le troupeau n'affecte à aucun moment tous les champignons d'un lit, et je ne crois pas qu'il se propage dans le lit ou, pour reprendre l'expression, qu'il devienne contagieux. Si une tache de moisissure apparaît sur un concombre, un rosier ou une vigne à l'intérieur et n'est pas contrôlée, elle devient rapidement générale sur toute la ou les plantes, et si une tache de moisissure apparaît dans un lit de propagation et n'est pas contrôlée immédiatement. il s'étend bientôt sur un grand espace et détruit toutes les boutures ou plants à sa portée, mais ce n'est pas le cas du troupeau dans une champignonnière. Si un champignon est affecté par le troupeau, tous les champignons produits à partir de ce morceau de blanc sont affectés, mais aucun champignon produit à partir des morceaux de blanc insérés à côté de celui-ci n'est affecté par celui-ci ; pas même si le mycélium des différents morceaux de blanc forme une toile entrelacée. Si le troupeau est limité aux champignons produits à partir d'un certain morceau de blanc, se demanderont certains, les autres morceaux de blanc cassés dans la même brique produiront-ils des champignons infestés par le troupeau ? Non. J'ai accordé une attention particulière à ce point, j'ai gardé les morceaux de chaque brique proches les uns des autres, et là où le troupeau est apparu, je n'ai pas réussi à trouver que les autres morceaux de blanc de cette brique sont plus susceptibles de produire des champignons infestés par le troupeau que ne le sont les autres. les morceaux de briques qui, jusqu'à présent, n'ont montré aucun signe de produit malade.

Dans quelle mesure cette maladie est-elle générale ? Dans un lit, disons de trois pieds de large sur trente pieds de long et d'une capacité de deux mois, on peut obtenir aussi peu que cinq ou jusqu'à cinquante champignons floconneux ; un ou deux peuvent se produire aujourd'hui, et nous n'en trouverons peut-être pas d'autre avant une semaine ou deux, lorsque nous en aurons peut-être tout un tas, et ainsi de suite. Ce n'est pas leur grand nombre qui les rend dangereux, car ils n'apparaissent jamais en quantité. Ils apparaissent parfois parmi les premiers champignons du lit, mais généralement pas avant que le lit soit en état de porter pendant une semaine ou deux.

Quelles conditions sont les plus favorables ou défavorables à la croissance de cette maladie, je ne le sais pas ; mais cela n'est certainement pas dû à une faiblesse du champignon lui-même, car le parasite attaque sans discernement les champignons sains et robustes et les champignons affaiblis. Cet état floconneux est provoqué par un ou plusieurs champignons saprophytes et parasites d'origine modeste, dont les diverses parties sont réduites à de simples fils, simples ou ramifiés, et divisées en cellules tubulaires à intervalles réguliers, ou bien ce sont de longs tubes microscopiques continus et sans cloisons. , sauf aux endroits occasionnels où se dégage une branche destinée à produire des spores. Généralement, deux ou plusieurs espèces de ces champignons filiformes sont présentes en même temps sur l'hôte du champignon et, par le croisement et l'entrelacement multipliés de leurs fils et de leurs branches, produisent, par leur grand nombre, la masse blanchâtre et feutrée du « troupeau » ; tandis qu'en tant qu'individus, les fils sont si minuscules qu'ils sont à peine ou pas du tout visibles à l'œil nu. Des champignons filiformes semblables peuvent souvent être trouvés dans les bois, parmi les feuilles humides, sous les bûches pourries et sur les champignons poreux qui dépassent, comme des étagères, des troncs d'arbres. À l'heure actuelle, il n'existe aucun moyen connu pour détruire le « troupeau », si ce n'est de ramasser et de détruire chaque touffe de champignons attaquée par lui. Heureusement, la maladie n'est pas très grave si les précautions appropriées sont observées ; car, dans nos propres caves, où les champignons poussent année après année depuis onze ans, nous ne trouvons que peu de champignons floconneux dans aucun lit. La maladie n'est pas plus courante aujourd'hui qu'elle ne l'était dans les années précédentes. Mais nous effectuons chaque été un nettoyage en profondeur de nos caves.

Nettoyage des maisons à champignons. —Une fois la récolte terminée, les champignonnières et les caves doivent être soigneusement nettoyées. Nettoyez les vieux lits et apportez à l'extérieur tous les planchers mobiles et les étagères, grattez tous les débris de détritus ou de saleté présents sur place et jetez-les, balayez les murs et tout ce qui reste des planches. Blanchissez les murs à la chaux chaude et peignez généreusement chaque pièce de boiserie avec du pétrole brut ou du kérosène. Il s'agit de détruire les anguillulæ et autres insectes et champignons parasites. Si vous souhaitez réutiliser les planches amenées à l'extérieur, balayez-les et peignez-les copieusement au kérosène. Et si votre cave ou votre maison a un sol en terre battue, une forte aspersion d'eau de chaux très caustique partout fera du bien pour la débarrasser de la vermine.

CHAPITRE XX.

CULTURE DE CHAMPIGNONS DANS LES CRÊTES À L'EXTÉRIEUR DES PORTES AUTOUR DE LONDRES.

Dans la préface de *Kitchen and Market Gardening* (Londres), on trouve ce qui suit :

"M. W. Falconer et M. CW Shaw ont réalisé, en relation avec le London *Garden* , ce que nous pensons être la première tentative d'observation longue et systématique de la meilleure culture telle qu'elle existe dans les jardins maraîchers de Londres." Ceci est mentionné pour indiquer que l'auteur parle de ce sujet par expérience. Et bien que cela fasse maintenant dix-sept ans que je me suis déconnecté des jardins maraîchers de Londres, en les revisitant il y a quelques années, et par correspondance et par la presse horticole, je me suis efforcé de me tenir informé de tous les changements de méthodes et améliorations de la culture telle qu'elle est pratiquée. là. À cette époque, Steele, Bagley, Broadbent, Dancer, Pocock et Myatt comptaient parmi les plus grands et les meilleurs jardiniers de Londres, et depuis lors, plusieurs de ces grands vieux messieurs sont décédés et leurs champs ont été coupés et reconstruits. À cette époque, les champignons faisaient partie des cultures générales, tout comme les haricots mange-tout ou le chou-fleur, et étaient naturellement plantés à leur saison. Aujourd'hui, ils sont devenus une spécialité, et certains jardiniers consacrent toute leur énergie à la seule culture des champignons et gagnent de 2 000 à 5 000 dollars par an avec un acre de champignons, et cela aussi avec les billons en plein champ ! Il n'existe aucune autre grande culture qui rapporte un profit aussi important. Là-bas, ils gagnent entre vingt-quatre et quarante-huit cents la livre pour leurs champignons frais, ici nous recevons entre cinquante cents et un dollar la livre pour les nôtres. Mais comme la culture des champignons y est limitée à l'automne, à l'hiver et au printemps, les jardiniers qui se limitent aux champignons consacrent uniquement les mois d'été à produire du blanc de champignons pour leur propre usage et également pour la vente.

M. John F. Barter, de Lancefield Street, Londres, le roi des champignonnistes de Londres, m'écrit le 10 décembre 1888 : « J'emploie des hommes pour la fabrication des massifs de champignons d'août à mars ; Si je continue à travailler avec le même personnel, je reçois environ 10 000 boisseaux de blanc de brique destinés à la vente... Grâce à la vente du blanc, je gagne seulement la moitié de ma vie. Voyons maintenant : 10 000 boisseaux = 160 000 briques, et chaque brique pèse une livre, nous avons donc 160 000 livres. À dix cents la livre (prix de détail), le total est de 16 000 $; à cinq cents la livre (prix de gros supposé) 8 000 $, ou à trois cents et demi la livre (prix supposé du fabricant) 5 600 $.

Le fumier est obtenu dans les écuries de la ville et transporté chez eux par les jardiniers à leur retour du marché. Le fumier collecté après le milieu de l'été est utilisé pour la fabrication de champignons et l'on s'efforce de conserver à cet effet le meilleur fumier de cheval. Lorsqu'il s'est accumulé suffisamment pour former un lit, le fumier est retourné et bien secoué, n'enlevant que la partie la plus grossière de la paille, et jeté dans un grand tas pyramidal pour être chauffé ; cette forme est adoptée comme étant meilleure que la forme plate pour empêcher la pluie d'entrer. Au bout de trois ou quatre jours, le fumier est de nouveau retourné, secoué et empilé comme auparavant ; ensuite on le retourne tous les deux jours, à moins qu'il ne pleuve, jusqu'à ce qu'il ait été retourné six ou sept fois en tout. Il devrait alors être prêt à être transformé en crêtes.

L'emplacement des plates-bandes doit être un terrain chaud et bien abrité, soit en plein champ, soit en verger ; il faut s'efforcer de le protéger des vents froids. Bien qu'un grand nombre de billons de champignons soient réalisés à l'ombre partielle des pommiers et des poiriers, j'ai toujours préféré les réaliser en pleine terre. Le terrain doit être sec et légèrement surélevé ou en pente, de manière à ce qu'aucune flaque d'eau ne puisse s'accumuler à la surface. Une fois le sol dégagé, nivelé et prêt, délimitez-le en bandes alternativement de deux pieds de large et de six pieds de large. L'espace de deux pieds de large est pour le parterre de champignons, celui de six pieds de large pour l'espace entre les parterres ; mais une fois les crêtes construites, en terre et recouvertes de paille, elles ont presque six pieds de largeur à la base. Les dimensions courantes des crêtes sont de deux pieds de largeur sur deux pieds de hauteur, et de deux pieds et demi de largeur sur deux pieds et demi de hauteur, et se rétrécissent jusqu'à six ou huit pouces de largeur au sommet.

Le fumier étant prêt et l'emplacement des plates-bandes délimité, le fumier est transporté sur place et transporté sur les plates-bandes. En faisant en sorte que le lit secoue bien et uniformément le fumier pour qu'il tienne ensemble, tassez-le avec le dos de la fourchette au fur et à mesure, et deux ou trois fois avant que les crêtes ne soient terminées, marchez dessus et piétinez solidement le fumier avec les pieds et coupez les côtés pour évacuer l'eau de pluie. Deux jours après que le lit soit fait, il faudra percer quelques trous du haut vers le bas avec une petite barre de fer pour évacuer la chaleur et éviter que l'intérieur du lit ne devienne trop sec. Écartez-les d'environ neuf pouces tout au long du centre du lit. Les vieux jardiniers n'utilisaient pas le pied-de-biche. Ils étaient très attentifs à ne pas construire leurs crêtes avant que les risques de surchauffe ne soient considérés comme passés ; mais malgré tous leurs soins, certains de leurs lits devenaient trop chauds, lorsque, sans un instant d'hésitation, ils les jetaient une partie à droite et une partie à gauche, et laissaient le fumier ainsi exposé refroidir pendant un jour ou deux, et puis refaites les lits sur le même emplacement.

Le spawn de brique est toujours utilisé. Certains de ceux qui font une spécialité de champignons fabriquent aussi du blanc pour la vente ainsi que pour leur propre usage ; mais la majorité des jardiniers préfèrent acheter plutôt que de fabriquer eux-mêmes leur frai.

Lorsque la température est tombée entre 80° et 90°, les crêtes apparaissent, les morceaux sont insérés en trois rangées de chaque côté, en laissant environ neuf pouces entre les morceaux. Un plantoir ne doit en aucun cas être utilisé. Le blanc est introduit fermement avec la main et le fumier est pressé. Il doit être placé au niveau de la face du lit, afin que le moule puisse le toucher lorsque le lit est caissonné. En cas de temps froid ou humide, dès la ponte, une légère couverture de litière grossière est appliquée dessus. Au bout de quelques jours, celle-ci est enlevée et les lits sont recouverts de moisissure provenant du sol sur lequel du fumier n'a pas été appliqué depuis un certain temps. Mais les maraîchers généralistes ne font pas cette distinction ; ils utilisent la terre située entre les crêtes, qui est régulièrement fertilisée chaque année depuis quelques centaines d'années ou plus. Le moule est appliqué uniformément avec la bêche et a environ deux pouces d'épaisseur à la base de la crête et un pouce d'épaisseur au sommet, et bien raffermi en battant avec le dos de la bêche ; en effet, les crêtes sont maintenant couramment arrosées avec un rosier en pot, là encore battu très fermement et la surface laissée lisse et uniforme. Cette surface lisse évacue facilement l'eau de pluie, mais je me demande si elle présente un avantage par rapport à une surface non vitrée bien ferme. Après le moulage, les lits sont recouverts de litière, c'est-à-dire de la paille la plus grossière qui a été secouée du fumier, jusqu'à une profondeur de quatre, six, huit ou dix pouces, selon l'état du lit et le temps ; si le lit a tendance à être frais ou s'il fait froid, épaississez le revêtement.

Les pluies torrentielles ou prolongées sont plus nocives pour les lits que le froid, et afin de les conjurer, de vieilles nattes russes et tout autre type de tissu ou de revêtement de tapis disponible sont posés sur la litière des lits et lestés de poteaux, de planches. , des pierres ou tout autre objet pratique. Ne dérangez pas cette couverture pendant environ quatre semaines, puis par temps sec, enlevez-la et secouez-la légèrement pour la sécher. S'il y a de la moisissure blanche à la surface du sol, prenez une poignée de paille et frottez-la. Si le lit est plutôt froid, placez une couche de foin propre et sec à côté du lit et remplacez par-dessus la couverture de litière.

FIG. 27. LES CRÊTES COUVERTES.

Les premiers lits sont faits en août, et un ou plusieurs chaque mois jusqu'en mars, selon le temps, la commodité et le matériel le permettent. Les lits d'été ne sont pas tentés sauf cas exceptionnels. La majeure partie des massifs est généralement mise en place en septembre et octobre. Au début de l'automne, également au printemps, les plates-bandes produisent des champignons environ six semaines après le frai ; en hiver, cela prend huit à neuf semaines ou plus, selon la météo.

Par temps froid, les champignons sont cueillis à midi ; si le temps est venteux et qu'il est possible de reporter la collecte à un autre jour, cela est fait, car la litière ne peut pas être remplacée de manière satisfaisante par temps venteux. En ramassant les champignons, un homme tire soigneusement la paille du haut du lit et la fait rouler vers lui ; un autre rassemble les champignons (les arrachant par les racines, sans jamais les couper) dans des paniers, et un troisième couvre le lit. De cette façon, les trois hommes montent d'un côté de la crête et descendent de l'autre, et le travail est fait rapidement et bien, sans exposer aucune partie du lit plus d'une minute ou deux à la fois. Il est nécessaire que le découvert se fasse en faisant rouler la paille du haut du billon ; si on l'enroulait, la couverture de l'autre côté de la crête ne manquerait pas de glisser un peu et de briser de nombreux petits champignons. Les champignons cueillis sont de trois qualités ; les plus gros ou les plus étalés sont appelés « poulets de chair », ceux de grande taille dont le volant du cou est simplement cassé d'environ un demi-pouce de large sont des « tasses », et les petits blancs dont les volants ne sont pas cassés du tout sont appelés « boutons ». ". Tous ces éléments sont séparés. Ils sont commercialisés de différentes manières, mais les producteurs qui en font une spécialité les assortissent et les emballent dans des paniers à chips, des boîtes ou autrement, selon l'exigence ou le suggestion des marchés métropolitains et provinciaux. M. John F. Barter, m'écrivant de Londres, me dit : « Quant aux barquettes, nous utilisons les mêmes que pour les fraises ou les pêches » (l'abondance de pêches que nous avons en Amérique est inconnue là-bas), « elles n'en contiennent qu'une seule. Mais il est de plus en plus courant maintenant d'avoir de petites boîtes conçues pour contenir, disons, trois à cinq livres chacune ; elles sont meilleures pour être emballées dans des caisses plus grandes pour les longs voyages.

La première coupe est légère. Ensuite, le lit est coupé deux fois par semaine pendant trois semaines par temps doux, ou une fois par semaine par mauvais temps. Les deux ou trois dernières cueillettes sont minces et sécurisées seulement une fois par semaine. Au total, dix ou onze bonnes cueillettes sont récoltées sur chaque lit.

Je n'ai jamais eu connaissance d'un seul cas où une tentative ait été faite pour rénover un lit vieux ou usé. Mais lorsque les parterres deviennent si secs qu'ils ont besoin d'être arrosés, une petite poignée de sel est dissoute dans un grand seau d'eau et avec cette solution les parterres sont arrosés librement sur la couverture de paille, mais jamais, à ma connaissance, en dessous.

Mes vieux amis, George Steele et M. Bagley, de Fulham Fields, avaient l'habitude de diriger une partie de leurs plates-bandes vers l'est et l'ouest, non seulement pour des raisons de commodité en ce qui concerne les plates-bandes elles-mêmes, mais aussi dans le but de cultiver des tomates précoces contre le vent. c'est ici qu'ils obtenaient leurs plus belles et premières récoltes, car les jardiniers de Londres ne peuvent pas cultiver des tomates à l'extérieur, en plein champ, comme nous le pouvons en Amérique. D'autres jardiniers enlèvent le fumier pour l'utiliser ailleurs dans leurs champs, et comme il est si bien pourri, il est dans un état capital pour le chou-fleur, les laitues, les haricots mange-tout et d'autres cultures. Mais comme les cultivateurs de champignons qui se limitent exclusivement à la culture des champignons et qui, une fois que les champignonnières ont fini de produire, n'ont plus besoin du fumier des plates-bandes épuisées, peuvent toujours s'en débarrasser à moitié prix de revient. Il est excellent pour les cultures maraîchères et comme terreau de couverture pour les pelouses, en raison de sa finesse et de l'absence de tous déchets tels que des bâtons, des pierres, des vieilles bouteilles, des vieilles chaussures, etc., et est très demandé.

CHAPITRE XXI.

CHAMPIGNONS CULTIVANT DANS LES GROTTES DE PARIS.

Dans les grottes et les souterrains de la ville de Paris et de ses environs, des milliers de tonnes de champignons sont produites artificiellement chaque année. Ces grottes et tunnels souterrains sont des carrières abandonnées d'où ont été extraits de la pierre de construction blanche et du plâtre, et comme les veines de pierre pénétraient dans les entrailles de la terre, jusqu'à 40 à 125 pieds de profondeur, ainsi ont-elles été extraites et les blocs amenés au surface à travers des puits verticaux. Ce sont ces tunnels, dont la hauteur et la largeur varient selon les veines de la pierre, qui sont aujourd'hui utilisés pour la culture des champignons. M. Lachaume, dans son livre *Le Champignon des Cavernes* , nous dit : "Dans le département de la Seine il y a 3000 carrières; celles qui ont été abandonnées et qui sont situées près de Paris à Montrouge, Bagneux, Vaugirard, Méry, Châtillon, Vitry, Honilles et Saint-Denis sont exploités par les 250 champignonnistes du département. Il existe plusieurs de ces carrières à galeries horizontales creusées dans la roche calcaire à partir du niveau de la route, et la plupart assez grandes pour accueillir un ouvrier. chariot de bonne taille, mais la plupart ne peuvent être pénétrés, comme dans de nombreuses mines de charbon, que par des puits verticaux de 100 à 125 pieds de profondeur, dans lesquels tout doit passer. Les ouvriers montent et descendent une échelle et le fumier frais est pelleté. puits d'en haut, les déchets et les champignons étant remontés dans des paniers par le bas au moyen d'un guindeau.

Le fumier utilisé provient des écuries parisiennes et est fourni par des entrepreneurs avec lesquels les champignonnistes font des affaires particulières, car ils sont très pointilleux sur l'espèce et la qualité du fumier qu'ils utilisent. Certains de ces producteurs utilisent entre 2 000 et 3 500 tonnes de fumier par an pour leurs champignonnières. Dans les grottes des environs immédiats de Paris, le fumier est transporté dans des charrettes, mais à Méry et dans d'autres endroits trop éloignés pour être facilement charriables, il est acheminé par chemin de fer. Les champignonnistes considèrent que le fumier des animaux travaillés dur et nourris abondamment de nourriture sèche et de bonne qualité est le meilleur ; les déjections de ceux-ci sont toujours sèches et riches en ammoniaque, azote et phosphates. Ils considèrent comme le meilleur le fumier des chevaux entiers qui ont été travaillés dur, et, en valeur, celui des mulets. Le fumier des chevaux d'agrément, tels que les chevaux de calèche et de selle, est considéré comme pauvre, malgré la forte alimentation de ces animaux, et le fumier des chevaux nourris d'herbe ou de racines, ainsi que celui des vaches, comme sans valeur. L'accent est mis sur l'importance d'avoir une bonne quantité de paille imbibée d'urine dans le fumier, et c'est une autre raison pour laquelle le fumier des chevaux de trait est préféré à celui des animaux élevés pour le plaisir, car la litière des premiers n'est pas susceptible de être aussi propre que celui des écuries aristocratiques.

La préparation du fumier s'effectue près de l'entrée des grottes ou des puits, sur un terrain plat et sec, et entièrement à l'extérieur. Dès qu'on obtient suffisamment de fumier pour un tas, celui-ci est fourchu, soigneusement secoué et mélangé, débarrassé de toutes les matières étrangères telles que bâtons, pierres, bouteilles, ferraille, vieilles chaussures, etc. que l'on trouve dans le fumier des étables des villes. et toute paille sèche est humidifiée avec de l'eau. Il est ensuite divisé en un tas de quarante pouces de haut et foulé jusqu'à trente pouces de haut. On le laisse dans cet état pendant environ six jours, après quoi on le retourne, on le secoue légèrement, on retourne l'extérieur vers l'intérieur, et on arrose toutes les parties sèches ; la même forme carrée peu profonde est conservée, et elle est à nouveau foulée aux pieds. Au bout de six jours environ, il est de nouveau retourné, secoué, arrosé, équarri et foulé comme auparavant. Environ trois jours après, il devrait être prêt à l'emploi et peut être retourné, secoué sans serrer, puis déversé dans la grotte et transporté jusqu'à l'endroit où les lits doivent être formés. Bien entendu ces opérations doivent être modifiées selon les circonstances et l'état du fumier.

En faisant les lits, le sol est d'abord délimité. Le premier lit est fait le long du mur et arrondi vers l'avant ; les autres lits sont parallèles à celui-ci et peuvent être droits, tordus ou ondulés, comme peut le suggérer l'intérieur de la grotte. Les lits sont tous en forme de crête, de dix-huit à vingt pouces de largeur à la base, de dix-huit à vingt pouces de hauteur au milieu, de six pouces de largeur au sommet et les côtés sont en pente. Des allées de douze pouces de largeur courent entre les lits. Les ouvriers construisent les lits à la pièce et reçoivent un demi-cent par pied courant. Un bon ouvrier peut fabriquer 240 pieds par jour (*Lachaume*). Les lits sont construits proprement et fermement et avec beaucoup de finesse en termes de taille et de proportions. Mais les ouvriers n'utilisent ni fourchette ni aucun autre outil pour la construction des lits ; ils soulèvent, secouent, étalent et accumulent le fumier à mains nues et le tassent fermement avec leurs genoux.

Le blanc est obtenu à partir des lits de travail et est ce que les producteurs de champignons appellent le blanc "vierge", bien que ce ne soit pas du tout ce que nous connaissons sous ce terme. Comme une succession de plates-bandes est entretenue toute l'année, il est facile pour les producteurs d'obtenir leur frai à tout moment. Le meilleur moment pour obtenir le frai est lorsque les jeunes champignons apparaissent pour la première fois. Un lit ou une partie de lit en bon état de fonctionnement est sélectionné et brisé et les gâteaux de fumier soigneusement mélangés au mycélium actif sont sélectionnés pour la reproduction des lits frais. On affirme que, à partir de ce blanc actif, les récoltes de champignons apparaissent en vingt jours de moins que si l'on utilisait du blanc sec.

Le spawn français est utilisé. Entre le septième et le quatorzième jour après la création du lit, il sera en état de frayer. Cassez le blanc en morceaux entre deux et trois pouces de long, deux pouces de large et trois quarts de pouce d'épaisseur, et insérez ces morceaux en deux rangées le long des côtés des crêtes ; la première rangée à huit pouces au-dessus du sol, la deuxième rangée à huit pouces au-dessus de la première et les pièces disposées en quinconce à huit pouces l'une de l'autre dans la rangée. Le fumier est fermement tassé sur le frai, la surface reste lisse et uniforme et sans être davantage perturbée jusqu'au moment de la terre.

Une grande pression est exercée sur la stratification du blanc avant utilisation, lorsque du blanc sec est utilisé. Environ huit jours avant la ponte d'un lit, le blanc sec est étalé en rangée sur le sol de la grotte ou de la cave afin qu'il puisse absorber l'humidité et que le mycélium commence à s'écouler. Au moment du frai, ces galettes ou flocons sont brisés et utilisés de la manière ordinaire et, prétend-on, avec une semaine de différence en faveur d'une apparition précoce des champignons. Mais il ne faut pas stratifier plus de blanc que ce qui est nécessaire pour une utilisation immédiate, car il ne supportera pas d'être à nouveau séché et mouillé.

Les éclats et la poudre de pierre qui ont été extraits de la carrière et qui peuvent être trouvés en abondance sur le fond de la carrière ou à la surface du sol autour du puits, sont tamisés, et la partie la plus fine est conservée et mélangée avec de la terre dans la proportion de trois parties de poussière de pierre pour une partie de terre, et avec cela les lits sont recouverts. La pierre en poudre est fortement imprégnée de sels, si avantageux pour les champignons.

Sept à neuf jours après le frai, les lits sont prêts à être recouverts. Cela dépend de l'état du blanc et de sa bonne circulation dans le fumier. Avant d'être mis à la terre, la surface extérieure des lits doit être recouverte de filaments blancs rayonnant dans toutes les directions qui donnent aux lits un aspect bleuâtre. Lorsque le lit est en bon état pour être recouvert de terre, le moule est posé uniformément et fermement sur la surface sur environ trois quarts de pouce de profondeur. Il est ensuite abondamment arrosé à l'aide d'un arrosoir à fines roses et laissé décanter jusqu'au lendemain, lorsqu'il est battu avec le dos d'une pelle en bois. Le massif n'a désormais plus besoin d'entretien jusqu'à l'apparition des jeunes champignons, à l'exception d'un léger arrosage occasionnel en cas de séchage.

FIG. 28. DANS LES GROTTES CHAMPIGNONS DE PARIS.

Dans les grottes spacieuses et au toit élevé, la température moyenne est d'environ 52° F., tandis que dans les grottes étroites et au toit bas, elle est d'environ 68° F. Bien sûr, cela fait une grande différence dans le temps de gestation et la durée des lits réalisés dans les différentes grottes ; ceux qui se trouvent dans les grottes chaudes prennent appui plus tôt et arrêtent de porter plus vite que ceux qui se trouvent dans les grottes aux toits élevés. En moyenne, les premiers champignons apparaissent environ quarante jours après la ponte des plates-bandes, et les plates-bandes continuent à produire pendant quarante ou soixante jours, mais vers la fin de cette période, le rendement diminue très rapidement.

Ils sont rassemblés une fois par jour, généralement vers minuit, afin de pouvoir rejoindre le marché de Paris tôt le matin. En taille, les champignons varient de trois quarts à un pouce et cinq huitièmes de diamètre du sommet et sont de couleur blanc pur. Les ouvriers cueillent toujours les champignons en les arrachant par les racines, et jamais en les coupant ; les cueilleurs ont deux paniers, portés en sac à dos sur le dos ; l'une est destinée à recevoir les champignons au fur et à mesure de leur cueillette, l'autre contient de la moisissure pour combler les petits trous faits en retirant les champignons du lit. Dans certaines grottes, un homme ramasse les champignons et les dépose en petits tas sur le lit au fur et à mesure qu'il avance, une femme vient après lui et les place dans un panier, et un homme la suit et remplit les trous avec de la terre. Avant de sortir les champignons des grottes, ils sont recouverts d'un tissu pour éviter tout contact avec l'air extérieur, qui pourrait les faire brunir. Ils sont ensuite placés dans des paniers contenant entre vingt-trois et vingt-cinq livres et envoyés au marché, où ils sont vendus aux enchères à leur arrivée. Ou encore, ils peuvent être envoyés à des fabricants de légumes en conserve, qui les achètent à un prix global.

FIG. 29. CUEILLETTE DE CHAMPIGNONS DANS LES GROTTES DE PARIS POUR LE MARCHÉ.

Une ventilation adéquate est considérée comme étant d'une grande importance, non seulement pour le bien des ouvriers, mais aussi pour les champignons, qui ne prospèrent pas dans une atmosphère impure. La ventilation est assurée au moyen de puits étroits surmontés de hautes cheminées en bois dont les extrémités supérieures sont coupées en angle de manière à ce que le côté biseauté soit orienté vers le nord. Afin d'éviter les changements brusques de température et les forts courants d'air, des incendies, des trappes et d'autres moyens employés pour faciliter la ventilation des mines de charbon sont adoptés. Pour empêcher également les forts courants d'air, dans les passages, de hautes claies au toit de chaume sont installées. Dans les grottes étroites, le souffle des ouvriers, les gaz dégagés par la fermentation et les produits de la combustion des lampes vicieraient bientôt l'atmosphère au point de rendre les grottes inhabitables si elles n'étaient pas correctement ventilées. En effet, il arrive fréquemment que des grottes dans lesquelles des champignons ont été cultivés de manière continue pendant quelques années doivent être abandonnées pendant un an ou deux parce que la culture a cessé de prospérer. Mais après qu'ils ont été soigneusement débarrassés de tous les lits et de la terre superficielle qui aurait pu être touchée ou affectée par le fumier, et après avoir été aérés et reposés pendant un an ou deux, les champignons peuvent à nouveau y pousser avec succès.

CHAPITRE XXII.

Les champignons frais, bien cuits et bien servis, sont l'un des légumes les plus délicieux. Si nous cultivons nos propres champignons, nous pouvons les cueillir sous leur plus belle forme, les cuisiner à notre guise et les déguster dans leur état le plus délicieux. Si nous dépendons des champs, nous devons veiller à ne cueillir que des champignons jeunes, dodus et frais, et rejeter tous ceux qui sont vieux ou décolorés, ou qui trahissent des signes de présence de maladies ou d'insectes. Et dans le cas des champignons de magasin, c'est-à-dire ceux que nous achetons chez le fruitier ou dans un autre magasin de provisions, nous devons les examiner d'un œil critique avant de les utiliser pour nous assurer qu'ils sont parfaitement exempts de "troupeau", de "taches noires", d'"asticots". ", ou toute autre maladie, et jetez tous ceux qui présentent des symptômes de maladie.

Les petits champignons à tige courte et à peau blanche proposés à la vente appartiennent à la variété connue sous le nom de champignons français et sont préférés par beaucoup en raison de leur aspect blanc ; le champignon à tige plus longue, à tête plus large et de couleur plus foncée que l'on trouve également en vente est ce qu'on appelle le champignon anglais. Les champignons français sont les plus attrayants en apparence et les plus appréciés sur le marché, mais la variété anglaise est la plus savoureuse et généralement la plus appréciée pour un usage domestique.

Dès que la collerette autour du cou se brise, le champignon est prêt à être cueilli ; le garder plus longtemps peut augmenter un peu sa taille, mais nuira sûrement à sa tendresse. Les branchies des champignons conserveront leur teinte rose pendant un jour après l'ouverture de la collerette, mais elles deviendront rapidement plus brunes et plus noires, jusqu'à ce qu'au bout de quelques jours elles soient impropres à la nourriture. Lors de la cueillette, les champignons doivent être arrachés et jamais coupés, et conservés ainsi jusqu'au moment de les préparer pour la cuisson. En conservant la tige non coupée, le champignon conserve sa fraîcheur et sa rondeur beaucoup plus longtemps qu'il ne le serait si les tiges étaient retirées. Conservez-les dans un endroit frais et sombre, et dans un récipient en terre cuite recouvert d'un couvercle ou d'un linge épais et humide ; cela préservera leur rondeur. Si la collerette est largement brisée lors de la cueillette des champignons, les chapeaux ont tendance à s'ouvrir à plat en un jour ou deux, et les branchies s'assombrissent et répandent leurs spores, tout comme si les champignons n'étaient pas encore séparés du sol.

Inspectez soigneusement les champignons avant de les cuire. Si les branchies sont noires et que les champignons sont trop vieux, ne les utilisez pas ; si le capuchon est perforé par des insectes, jetez-le car il est très probable qu'il y ait des asticots à l'intérieur ; ou s'il y a des taches brun foncé (« tache noire ») sur le dessus des chapeaux, jetez les champignons. Les vieux champignons sont coriaces, d'apparence désagréable, de mauvais goût et indigestes, et ceux infestés d'insectes, bien que non venimeux, sont très répugnants et ne doivent pas être utilisés. Mais le champignon dangereux est celui affecté par « Flock ».

Les champignons doivent être cueillis sans débris ; s'ils sont granuleux, ils nécessitent un lavage, ce qui les gâte. Tous les gros champignons doivent être pelés avant d'être cuits ; la peau du chapeau se détache librement de la chair, mais la peau de la tige doit être frottée ou grattée. Les branchies ne doivent pas être retirées car elles constituent la chair la plus délicate du champignon, mais si les champignons sont vieux et destinés à la soupe, les branchies doivent être grattées afin de se débarrasser de leur influence noircissante dans la soupe. Dans le cas de petits champignons de Paris, difficiles à éplucher, il faut les frotter avec un chiffon doux imbibé de vinaigre, de manière à enlever la partie externe de la peau. Bien que les tiges puissent être retenues avec les boutons, elles doivent toujours être retirées des champignons adultes.

Les champignons doivent toujours être servis chauds et consommés dès qu'ils sont cuits. Dans le cas des champignons cuits au four et autres préparés d'une manière quelque peu similaire, ils doivent être recouverts dans le four par un plat inversé, une assiette creuse, une bassine ou autre, et si possible amenés à table de cette manière et sans que le couvercle soit retiré. . Posez le moule sur un tapis ou une assiette froide sur la table, puis découvrez et servez sur des assiettes chaudes. De cette façon, l'arôme délicieux est préservé.

Champignons au four. —Épluchez et équeutez les champignons, frottez et saupoudrez un peu de sel sur les branchies, et déposez les champignons, branchies vers le haut, sur un moule peu profond et mettez un petit morceau de beurre sur chaque champignon. Placez une soucoupe inversée ou une assiette creuse dessus dans le moule et mettez-les à four vif pendant environ vingt minutes. Sortez-les ensuite et servez-les sur une assiette chaude, sans renverser le jus accumulé au milieu de chaque champignon. Servir à table et manger immédiatement. C'est la manière courante de cuire les champignons, qui garantit le véritable arôme et le goût des champignons dans leur perfection.

Compote de champignons. —Épluchez et équeutez les champignons. Prenez une casserole émaillée, mettez-y un morceau de beurre et faites-le fondre, puis mettez-y les champignons, assaisonnez avec du sel, du poivre et un petit morceau de macis pilé (si vous l'aimez), puis couvrez bien la casserole et faites mijoter le champignons doucement jusqu'à ce qu'ils soient tendres, ce qui prendra environ une demi-heure. Préparez des toasts, secs ou frits dans du beurre, selon vos préférences ; étalez-les sur un plat chaud, déposez les champignons sur les toasts, les branchies vers le haut, versez dessus le jus et servez chaud. Les champignons de Paris sont généralement sélectionnés pour les ragoûts, mais bien que plus agréables et plus blancs, ils ne sont pas aussi finement parfumés que les champignons de grande taille.

Une autre façon de préparer les champignons en compote est de les équeuter et de les éplucher ; trempez-les dans de l'eau contenant du jus de citron (afin d'éviter qu'ils ne noircissent à la cuisson ou ne donnent une couleur foncée au ragoût) et égouttez-les. Mettez-les dans une cocotte, avec un gros morceau de beurre et un peu de sauce, et laissez-les mijoter une dizaine de minutes. Prenez un peu de bouillon ou de crème, battez-y un peu de farine bien lisse, ajoutez un peu de jus de citron et de la muscade râpée. Ajoutez-le aux champignons et faites cuire vivement pendant environ dix minutes de plus, ou jusqu'à ce qu'ils soient tendres.

Champignons du petit-déjeuner de Soyer. — Disposez sur un plat des toasts fraîchement préparés, divisés, et posez dessus les champignons équeutés et épluchés, branchies vers le haut ; ajoutez un peu de poivre et de sel et mettez un peu de beurre au milieu de chaque champignon. Versez une cuillère à café de crème sur chacun et ajoutez une gousse pour l'ensemble du plat. Posez une bassine inversée sur l'ensemble. Cuire au four pendant vingt ou vingt-cinq minutes et ne retirer la bassine que lorsque le plat est porté à table, afin d'en préserver l'arôme reconnaissant. Un plat délicieux.

Champignons à la crème. —Épluchez et équeutez les champignons, roulez un morceau de beurre dans la farine et mettez-le dans la casserole, puis ajoutez les champignons et un peu de sel, du poivre blanc, un peu de sucre et du persil finement haché. Ragoût pendant dix minutes. Prenez les jaunes de deux œufs battus avec deux grosses cuillerées de crème et ajoutez progressivement le mélange au ragoût ; cuire encore quelques minutes et servir chaud. C'est un plat délicieux, mais la fine saveur des champignons n'y est pas aussi prononcée que dans le plat cuit au four ou dans le ragoût.

Champignons au curry. — Épluchez et équeutez une livre de champignons, saupoudrez de sel, ajoutez un peu de beurre et laissez mijoter doucement pendant quinze à vingt minutes dans un peu de bon bouillon ou de sauce. Ajoutez ensuite quatre cuillères à soupe de crème et une cuillère à café de bonne poudre de curry préalablement bien mélangée avec deux cuillères à café de farine de blé. Mélangez soigneusement et laissez cuire cinq à dix minutes de plus, puis servez sur des toasts chauds sur des assiettes chauffantes. Un plat capital très apprécié par ceux qui aiment le curry.

Champignons grillés. — Sélectionnez de gros champignons frais et ouverts, équeutez-les et épluchez-les. Mettez-les sur le gril, tige vers le bas, sur un feu vif mais pas très chaud et laissez cuire trois minutes. Retournez-les ensuite, mettez un petit morceau de beurre au milieu de chacun et faites griller encore une dizaine de minutes. Mettez-les dans des assiettes chaudes, branchies vers le haut, et placez un autre petit morceau de beurre sur chaque champignon, avec un peu de poivre et de sel, assaisonnez avec du jus de citron ou du vinaigre de piment, et mettez-les au four pendant une minute ou deux. Ensuite, envoyez-les à table.

Soupe aux champignons. —Prenez une quantité de jeunes champignons frais, épluchez-les et équeutez-les. Faites-les revenir avec un peu de beurre, du poivre et du sel, et du bon bouillon, jusqu'à ce qu'ils soient tendres ; sortez-les et coupez-les en petits morceaux ; préparez un bon bouillon, comme pour toute autre soupe, et ajoutez-le aux champignons et à la liqueur dans laquelle ils ont été mijotés. Faites bouillir le tout et servez. Si vous souhaitez une soupe blanche, utilisez des champignons de Paris blancs et un bon fond de veau, en ajoutant une cuillerée de crème ou un peu de lait selon la couleur. C'est une bonne soupe et elle a bon goût. Si les champignons sont très jeunes, ils ont peu de saveur ; s'ils sont adultes, ils noircissent la soupe, et s'ils sont bruns au niveau des branchies lorsqu'ils sont utilisés, la soupe sera désagréablement foncée. Si, après la préparation, mais avant la cuisson des champignons, vous versez dessus un peu d'eau bouillante et que vous y déposez un peu de vinaigre ou de jus de citron, puis les égouttez dans une passoire, vous pouvez empêcher dans une large mesure leur influence noircissante sur la soupe, mais toujours au détriment de leur saveur.

Tiges de champignons. — Les tiges des champignons jeunes et frais sont excellentes à manger, mais celles des champignons vieux ou rassis sont impropres à la consommation. Dans le cas de champignons dodus, frais et de pleine taille, on utilise la partie supérieure de la tige, c'est-à-dire la partie située entre la collerette et l'alvéole du chapeau, mais la partie située en dessous de la collerette, c'est-à-dire la " racine", est ignorée. Toute partie de la tige décolorée, dure ou ligneuse doit être rejetée, et seule la partie succulente, cassante et d'une couleur blanche propre doit être utilisée à tout moment. Les tiges sont presque toujours conservées dans les champignons de Paris lorsqu'ils sont cuits, et les parties supérieures ou succulentes des tiges des champignons dodus, frais et adultes sont souvent cuites avec les chapeaux, mais lors de la cuisson des champignons adultes, nous préférez, dans tous les cas, ôter complètement les tiges des champignons, et cuire les deux séparément. Les tiges ne sont pas aussi tendres ni aussi délicieusement parfumées que les chapeaux, mais sont excellentes pour le ketchup, ou pour aromatiser, ou pour une sauce à manger avec de la volaille bouillie. Lors de la cuisson, les tiges doivent être épluchées en les grattant, car elles ne peuvent pas être écorchées comme les chapeaux.

Champignons en pot. — Sélectionnez de jolis champignons de Paris ou non ouverts, et à un litre de ceux-ci, ajoutez trois onces de beurre frais et faites mijoter doucement dans une casserole émaillée, en les secouant fréquemment pour éviter de brûler. Après quelques minutes, saupoudrez-les d'un peu de sel finement moulu, d'un peu d'épices et de quelques grains de poivre de Cayenne, et laissez mijoter jusqu'à ce qu'ils soient tendres. Une fois cuits, mettez-les dans une passoire placée dans une bassine et laissez-les là jusqu'à ce qu'ils soient froids ; puis pressez-les dans de petits pots, remplissez les pots de beurre clarifié chaud et couvrez-les de papier attaché et badigeonné de suif fondu pour exclure l'air. Conserver dans un endroit frais et sec. La sauce doit être conservée pour aromatiser d'autres sauces, sauces, etc.

Champignons du petit-déjeuner de Gilbert. — Récupérez des champignons à moitié cultivés, épluchez-les et déposez-les, branchies vers le haut, sur une assiette ; mettez sur chacun un petit morceau de beurre, mais seulement une couche d'épaisseur ; poivre et sel au goût; ajoutez deux cuillères à soupe de ketchup et une d'eau; presser autour du bord de l'assiette une bande de pâte, prendre une autre assiette de même dimension enfoncée fermement dans la pâte ; mettre le tout à four vif pendant vingt-cinq minutes. L'assiette supérieure doit être laissée en place jusqu'à ce qu'elle soit servie.

Champignons au four. —(Un plat de petit-déjeuner, de déjeuner ou de dîner.) Ingrédients : Seize ou vingt lambeaux de champignons, beurre, poivre au goût. Mode. Pour ce mode de cuisson, les quartiers de champignons sont meilleurs que les boutons et ne doivent pas être trop grands. Coupez une partie du pied, épluchez le dessus et essuyez soigneusement les champignons avec un morceau de flanelle et un peu de sel fin. Mettez-les dans un plat allant au four, en plaçant un tout petit morceau de beurre sur chaque champignon; saupoudrez d'un peu de poivre et laissez cuire une vingtaine de minutes, voire plus si les champignons sont très gros. Préparez un plat bien chaud, empilez les champignons en haut au centre, versez le jus en rond et servez-les rapidement sur des assiettes bien chaudes.

Champignons grillés. —(Un plat de petit-déjeuner, de déjeuner ou de dîner.) Ingrédients : Champignons, poivre et sel au goût, beurre, jus de citron. Mode. Nettoyer les champignons en les essuyant avec un morceau de flanelle et un peu de sel ; coupez une partie de la tige et épluchez le dessus; faites-les griller sur un feu clair en les retournant une fois et disposez-les sur un plat bien chaud. Mettez un petit morceau de beurre sur chaque champignon, assaisonnez de poivre et de sel et pressez dessus quelques gouttes de jus de citron. Placez le plat devant le feu, et lorsque le beurre est fondu, servez très chaud et rapidement. Les rabats de taille moyenne sont mieux adaptés à ce mode de cuisson que les boutons ; ces derniers sont meilleurs dans les ragoûts.

Champignons à la Casse, Tout. —Ingrédients : Champignons, pain grillé, deux onces de beurre, poivre et sel. Mode. Coupez une ronde de pain d'un demi-pouce d'épaisseur et faites-la bien griller ; beurrer les deux côtés et placer sur une plaque à pâtisserie ou un moule propre; nettoyez les champignons comme dans la recette précédente, et placez-les sur les toasts, tête en bas, poivrez-les légèrement, salez-les et déposez un morceau de beurre de la taille d'une noix sur chaque champignon ; couvrez-les d'un verre à doigt et laissez-les cuire près du feu pendant dix à douze minutes. Glissez les toasts dans un plat chaud, mais ne retirez le couvercle en verre que lorsqu'ils sont sur la table. Tous les arômes et saveurs des champignons sont préservés grâce à cette méthode. Le nom de cette excellente recette ne doit pas dissuader la femme de ménage prudente de l'essayer. Avec un soin modéré, le couvercle en verre ne se fissurera pas. En hiver, il doit être rincé à l'eau tiède avant utilisation.

Compote de champignons. -Ingrédients. Une pinte de boutons de champignons, trois onces de beurre frais, du poivre blanc et du sel au goût, du jus de citron, une cuillère à café de farine, de crème ou de lait, un quart de cuillère à café de muscade râpée. Mode. Coupez les extrémités des tiges et épluchez soigneusement une pinte de boutons de champignons ; mettez-les dans une bassine d'eau avec un peu de jus de citron au fur et à mesure. Quand tout est prêt, sortez-les de l'eau avec les mains, pour éviter les sédiments, et mettez-les dans une casserole avec le beurre frais, le poivre blanc, le sel et le jus d'un demi citron ; couvrez bien la poêle et laissez les champignons mijoter doucement pendant vingt à vingt-cinq minutes, puis épaississez le beurre avec la proportion de farine ci-dessus, ajoutez progressivement suffisamment de crème, ou de crème et de lait, pour donner à la sauce une consistance convenable, et mettez dans la muscade râpée. Si les champignons ne sont pas parfaitement tendres, faites-les revenir cinq minutes de plus, retirez toute particule de beurre qui pourrait flotter sur le dessus et servez.

Steak de bœuf grillé et champignons. —Ingrédients : Deux ou trois douzaines de petits champignons de Paris, une once de beurre, du sel et du poivre de Cayenne au goût, une cuillère à soupe de ketchup aux champignons. Mode. Essuyez les champignons avec un morceau de flanelle et du sel; mettez-les dans une casserole avec le beurre, l'assaisonnement et le ketchup ; remuer sur le feu jusqu'à ce que les champignons soient bien cuits. Faites bien griller le steak et versez dessus. Ce qui précède est très bon avec un steak grillé ou mijoté.

Pour conserver les champignons. —Ingrédients : Pour chaque litre de champignons, ajoutez trois onces de beurre, du poivre et du sel au goût, le jus d'un citron, du beurre clarifié. Mode. Épluchez les champignons, mettez-les dans l'eau froide, avec un peu de jus de citron ; sortez-les et séchez-les très soigneusement dans un chiffon. Mettez le beurre dans une cocotte capable de contenir les champignons ; quand il est fondu, ajoutez les champignons, le jus de citron et un assaisonnement de poivre et de sel ; baissez-les sur un feu lent et laissez-les reposer jusqu'à ce que leur liqueur soit bouillie et qu'ils soient devenus tout à fait secs, mais veillez à ne pas les laisser coller au fond de la casserole. Une fois terminé, mettez-les dans des pots et versez dessus le beurre clarifié. S'ils sont utilisés immédiatement, ils se conserveront quelques jours sans être recouverts. Pour les réchauffer, mettez les champignons dans une cocotte, filtrez-en le beurre et ils seront prêts à l'emploi.

Poudre de champignons. —(Un ajout précieux aux sauces et aux jus de viande lorsqu'il n'est pas possible d'obtenir des champignons frais.) Ingrédients : Un demi-pic de gros champignons, deux oignons, douze clous de girofle, un quart d'once de macis pilé, deux cuillères à café de poivre blanc. Mode. Épluchez les champignons, essuyez-les parfaitement pour les débarrasser de toute saleté et de toute saleté, enlevez la fourrure noire et rejetez tous ceux qui sont vermoulus ; mettez-les dans une casserole avec les ingrédients ci-dessus, mais sans eau ; secouez-les sur un feu clair jusqu'à ce que toute la liqueur soit sèche, et veillez à ne pas les laisser brûler ; disposez-les dans des moules et séchez-les à four lent ; réduisez-les en poudre fine, que vous mettez dans de petites bouteilles sèches ; bien boucher, sceller les bouchons et conserver dans un endroit sec. En utilisant cette poudre, ajoutez-la à la sauce juste avant de servir, lorsqu'elle nécessitera une ébullition. La saveur conférée ainsi à la sauce doit être extrêmement bonne. Cela doit être fait en septembre, ou au début d'octobre, et si le flacon de poudre de champignon dans lequel il est conservé n'est pas parfaitement sec, il se détériorera rapidement.

Poudre de champignons. —C'est à utiliser comme condiment. Les meilleurs champignons adultes, qui sont les mieux aromatisés, doivent être sélectionnés et préparés pour le séchage, et séchés comme indiqué sous la rubrique « Champignons séchés », sauf qu'il est préférable de les sécher dans un four ou une machine à sécher afin que ils peuvent sécher rapidement et devenir cassants. Râpez-les ou réduisez-les en poudre fine et conservez-les dans des bouteilles bien bouchées.

Pour sécher les champignons. — Essuyez-les, enlevez la partie brune et retirez la peau ; déposez-les sur des feuilles de papier pour qu'elles sèchent, dans un four frais, lorsqu'elles se ratatineront considérablement. Conservez-les dans des sacs en papier suspendus dans un endroit sec. Au moment de les utiliser, mettez-les dans une sauce froide, faites-les mijoter progressivement et vous constaterez qu'ils retrouveront presque leur taille habituelle.

Champignons séchés. — Au plus fort de la saison des champignons dans les pâturages, ramassez un grand nombre de champignons de toutes tailles et veillez à ce qu'ils soient parfaitement propres ; retirez et jetez les tiges et pelez les chapeaux. Remuez-les quelques minutes dans de l'eau bouillante additionnée d'un peu de jus de citron ou de vinaigre pour éviter qu'ils ne noircissent. Certaines personnes utilisent de l'eau froide ordinaire ou de l'eau froide contenant du jus de citron ou du vinaigre. Mais n'utilisez jamais de sel pour préparer les champignons à sécher, sinon les champignons salés absorberaient l'humidité de l'atmosphère et se gâteraient. Sortez les champignons de l'eau et égouttez-les sur une passoire, puis enfilez-les et suspendez-les pour les sécher et les assaisonner dans un hangar ouvert et aéré, comme on le ferait pour des chapelets de fruits séchés. Ils peuvent également être séchés dans une machine à sécher ou au four comme on le ferait avec des pommes ou des pêches. Ils sont utilisés comme substitut aux champignons frais lorsque ces derniers ne peuvent être obtenus. Lors de la préparation des champignons séchés, faites-les tremper dans de l'eau tiède ou du lait jusqu'à ce qu'ils deviennent assez mous et dodus, puis égouttez-les et faites-les cuire de la même manière que les champignons frais. Bien qu'ils constituent un bon substitut à l'article frais, ils manquent de saveur.

Ketchup aux champignons. — À chaque morceau de champignons, ajoutez une demi-livre de sel ; à chaque litre de liqueur de champignons, une demi-once de piment de la Jamaïque, une demi-once de gingembre, deux lames de macis pilées, un quart d'once de poivre de Cayenne.

Choisissez des lambeaux de champignons adultes et veillez à ce qu'ils soient parfaitement frais cueillis lorsque le temps est assez sec ; car s'ils sont cueillis pendant la pluie, le ketchup qui en est fait risque de moisir et ne se conservera pas longtemps. Mettez-en une couche dans une casserole profonde, saupoudrez-les de sel, puis une autre couche de champignons et ainsi de suite en alternance. Laissez-les reposer quelques heures et brisez-les avec la main ; mettez-les dans un endroit frais pendant trois jours, en les remuant de temps en temps et en les écrasant bien pour en extraire le plus de jus possible. Mesurez la quantité sans filtrer, et à chaque litre ajoutez la proportion ci-dessus d'épices, etc. Mettez le tout dans un bocal en pierre, couvrez-le bien, mettez-le dans une casserole d'eau bouillante, mettez-le sur le feu et laissez bouillir. pour trois heures. Préparez une casserole propre ; versez-y le contenu du pot, et laissez mijoter le tout très doucement pendant une demi-heure ; versez-le dans un pichet, où il doit rester au frais jusqu'au lendemain ; puis versez-le dans un autre pichet et filtrez-le dans des bouteilles très propres et très sèches, sans presser les champignons. À chaque pinte de ketchup, ajoutez quelques gouttes de cognac. Faites attention à ne pas secouer le contenu, mais laissez tous les sédiments dans le pichet ; bien boucher le bouchon, et soit sceller, soit colophaner le bouchon, de manière à exclure parfaitement l'air. Lorsqu'on souhaite obtenir un ketchup très clair et brillant, la liqueur doit être filtrée à travers un tamis à poils très fins ou un sac de flanelle après avoir été versée très doucement ; si l'opération ne réussit pas, il faut la répéter jusqu'à ce que l'on obtienne une liqueur bien claire. Il faut l'examiner de temps en temps et, s'il se gâte, le faire bouillir à nouveau avec quelques grains de poivre. Saisonnier du début septembre à la mi-octobre, date à laquelle ce ketchup doit être préparé.

Ketchup aux champignons. —Cet ingrédient aromatisant, s'il est authentique et bien préparé, est l'une des sauces de magasin les plus utiles pour le cuisinier expérimenté, et aucune peine ne doit être épargnée lors de sa préparation. Le double ketchup est préparé en réduisant la liqueur de moitié; par exemple, un litre doit être réduit à une pinte. Cela va plus loin que le ketchup ordinaire, car il en faut très peu pour parfumer une bonne quantité de sauce. Le sédiment peut également être mis en bouteille pour une utilisation immédiate et servira à aromatiser des soupes ou des sauces épaisses.

Ketchup aux champignons. — Pour préparer le ketchup, utilisez les meilleurs champignons, complètement développés mais jeunes et frais, car il est très important d'obtenir une saveur fine, et cela ne peut être obtenu avec des champignons de qualité inférieure. Prenez une mesure de beaux champignons frais et vérifiez qu'ils sont propres et exempts de saletés ; équeutez-les et épluchez-les; coupez-les en tranches très fines et déposez-en une couche au fond d'un plat creux ou d'une soupière ; saupoudrez cette couche de sel fin, puis mettez une autre couche et saupoudrez de sel comme avant, et ainsi de suite jusqu'à ce que le plat soit plein. La partie blanche succulente des tiges peut également être utilisée dans le ketchup, mais jamais la partie décolorée, dure ou filandreuse. Sur le tout, saupoudrez une couche de croûte de noix fraîche coupée en petits morceaux. Placez le plat dans une cave fraîche pendant quatre ou cinq jours, pour permettre au contenu de macérer. Lorsque toute la masse est devenue presque liquide, passez-la dans une passoire. Faites ensuite bouillir la liqueur filtrée à la moitié de sa masse et ajoutez son propre poids de gelée de pied de veau ; assaisonner avec du piment de la Jamaïque ou du poivre blanc et réduire à la consistance d'une gelée. Verser dans des pots en grès et conserver au frais.

Champignons marinés. —Utilisez suffisamment de vinaigre pour couvrir les champignons ; pour chaque litre de champignons, deux lames de macis pilées, une once de poivre moulu, du sel au goût. Choisissez de jeunes champignons de Paris pour les mariner, enlevez la peau avec un morceau de flanelle et du sel, et coupez les tiges ; si elles sont très grandes, retirez les branchies rouges et rejetez les noires, car elles sont trop vieilles. Mettez-les dans une casserole, saupoudrez-les de sel, de macis pilé et de poivre dans la proportion ci-dessus ; secouez-les bien sur un feu clair jusqu'à ce que la liqueur coule, et gardez-les là jusqu'à ce que tout soit de nouveau séché ; puis ajoutez autant de vinaigre que nécessaire pour les recouvrir ; laissez-le mijoter pendant une minute et conservez-le dans des bocaux en pierre pour utilisation. A froid, attacher avec la vessie et conserver dans un endroit sec ; ils resteront bons longtemps et sont généralement considérés comme délicieux. Faites-le en même temps que le ketchup, du début septembre à la mi-octobre. [Les recettes ci-dessus sont fournies par Mme George Amberley, de New York.]

www.ingramcontent.com/pod-product-compliance
Lightning Source LLC
LaVergne TN
LVHW051545170726
843492LV00006B/1950